ジュリアン・ラシュトン／著
ジョン・タヴナー／まえがき
下山静香／訳

モーツァルト
と
コーヒータイム Coffee with Mozart

三元社

読者のみなさまへ

本書のインタビューは完全なフィクションですが、確かな歴史的事実に
基づいて構成されています。想像上のインタビュアーが架空のモーツァ
ルトにインタビューを行ないます。どのような対話の場が想定されてい
るかは著者による「はじめに」をご覧ください。モーツァルトの生涯を短
くまとめた「小伝」のあと、インタビュー「モーツァルトとコーヒータイム」
が始まります。

＊本文中、〔　〕カッコ内に示しているのは訳者による補足です。

Coffee with Mozart

All rights reserved

Copyright © Watkins Publishing Limited 2017

Text copyright © Julian Rushton 2007

Foreward copyright © Sir John Tavener 2007, abridged from a piece originally broadcast on the
March 14 2004 edition of Music Matters on BBC Radio 3. Reproduced by permission of Sir John
Tavener.

Japanese edition published by arrangement through The Sakai Agency

目次

まえがき ジョン・タヴナー　*4*

はじめに　*8*

ヴォルフガング・A・モーツァルト（1756-1791）小伝　*12*

モーツァルトとコーヒータイム　*33*

　人間モーツァルト　*34*

　モーツァルトと同業者たち　*41*

　世間並の夫　*49*

　作曲家として　*54*

　弟子から教師へ　*61*

　ザルツブルク時代　*74*

　故郷から離れて　*85*

　ウィーン、クラヴィーアの町　*92*

　皇帝たちを楽しませる　*99*

　政治と反逆　*104*

　多様性と斬新性：モーツァルトの器楽音楽　*110*

　オペラにかかわる人々　*116*

　道徳観と趣意：モーツァルトのオペラ　*124*

　宗教音楽、信仰、子としての義務　*140*

　レクイエム　*151*

註　*158*

参考資料　*159*

索引　*160*

訳者あとがき　*163*

まえがき

ジョン・タヴナー

　私の人生を貫くモーツァルトへの愛は、12歳のときに芽生えている。美しく、貴族気質でロマン主義者だった私の洗礼式の代母に連れられて行ったグラインドボーン音楽祭で、《魔笛》を観たのだった。幼かった私はこの作品の魔力に完全に圧倒され、その素晴らしさはその後もずっと私を魅了し続けているのである。そして近年になって、自分が他のいかなる作曲家よりもモーツァルトを愛するのはなぜなのか、解明しようと努めるようになった。

　モーツァルトは、私がまったく魅力を感じない古臭い時代……つまらない、粉をはたいた髪〔18世紀は、かつらに澱粉や小麦粉をふりかけて白くするのがお洒落のひとつだった。かつらは、もともとは衛生上の問題から着用するものだったが、18世紀にはすでにファッションとなっていた〕の時代に属する人物である。西洋の"神聖なる"音楽家のほとんどがこの時代に出現しているという事実は意外に思える。モーツァルトに"神聖なる"という表現をあてはめることには異論もあるかもしれないが、概して彼の音楽は、ペルシャやヒ

ンドゥーの細密画にみられるような侵しがたい特別さに比肩
でき、《魔笛》はクリシュナ〔ヒンドゥー教の守護神ビシュヌの第8番目の
化身。美貌の主で、夕べに横笛を奏しては女性たちの恋情をかきたてたとされる〕の
横笛と関連づけることができると、私は信じている。もちろ
ん、モーツァルトが精神的に完成された人物だと言っている
わけではない、神は、このかよわきひとりの人間の業を通し
て、幼年時代の果てなき夢とリラ（サンスクリット語で「神
の遊び」を意味する）の世界を人々に伝えているのだ。

　モーツァルトは、水晶のごとく透明で、誰よりもナチュラ
ルな作曲家である。彼のメロディとリズム、そしてハーモニー
は、さながら未踏の大自然それ自体のような存在であり、こ
の世界に"すでにあった"ということもできるだろう。モー
ツァルトを聴くとき、我々はいわば宇宙からそれを摘みとっ
ているようなものだ。彼の音楽は、私の知る限りのどんな作
曲家よりも優しく、我を忘れさせる。モーツァルトはありふ
れたものを非凡なるものへと変貌させ、彼が触れたすべての
ものは聖性を宿す。彼は至るところに神を聴き、《魔笛》のザ
ラストロからパパゲーノまで、そして《フィガロの結婚》の

まえがき　　5

伯爵夫人やドン・ジョヴァンニに至るまで、すべてのオペラの登場人物たちに神の恍惚を歌わせる。モーツァルトは“永遠の子供”のように、神の忘我のふるまいを褒め讃え続けているのである。

　多くの研究者たちは《レクイエム》に、または《ドン・ジョヴァンニ》における士団管区長の登場の素晴らしさにこだわるが、それはきっと、彼らが革新を好むからであろう。しかし私はと言えば、そのような場面ではなく、例えば《ドン・ジョヴァンニ》でツェルリーナが歌う、とてつもなく美しい〈もしも、あなたが言うことを聞くなら *Vedrei, Carino*〉のなかにモーツァルトの神性をみるのである。このアリアはいつも私に歌いかけてきて、すべての憧れ、すべての美、そして、ツェルリーナがマゼットに捧げる心臓の鼓動は子供の目を通した神の鼓動になるというような真実を、私の内に呼び覚ますのだった。私はしばしばこの音楽を演奏しており、たったひとつの音を外しただけでその姿がばらばらに砕けてしまうことを知っている。適切に配置されたシンプルかつ素晴らしい和声はすべて完璧に響き、まさに天上のハーモニーと思わせて

くれるのである。

　モーツァルトは私にとって、イスラム神秘主義者たちが呼ぶところの「神の本質のしるし」、すなわち美そのものである。モーツァルトに関してそのような表現が可能だという事実は、彼を唯一無二のカテゴリーに置き、また、俯瞰してみれば西洋音楽の規範として存在することを許容する。彼のその本質のうちに、私は天国を見るのである。

ジョン・タヴナー

はじめに

　モーツァルト生誕250年で世界的にみられた祝賀現象は、彼が文化的に突出した存在であることを人々に再認識させた。音楽家のなかで彼と同等な地位を獲得しているのは、バッハ、ベートーヴェン、そしてワーグナーぐらいであろう。モーツァルトは、現代でも賞讃を集める作曲家のなかでもっとも古い人物というわけではないが、これほど長い間、そしてこれほど多くの作品が、演奏家のレパートリーの絶対的な核になり続けているような作曲家はほかにいないだろう。オペラ作品では、《フィガロの結婚》はリアリスティックな喜劇の規範であり、《ドン・ジョヴァンニ》はロマン主義者たちに霊感を与え、《魔笛》はドイツオペラの礎石となっている。器楽作品をみれば、協奏曲はヴァイオリニスト、管楽器奏者、とりわけピアニストにとって、演奏を熱望する対象として中心的な位置にある。四重奏曲、五重奏曲、そしてセレナーデは、小編成室内楽のレパートリーとして欠かすことができないし、管弦楽団は常に交響曲に、特に最後の2作品〔第40番と第41番《ジュピ

ター》〕に回帰する。

モーツァルトは幅広い意味において、また活動した時期からみても、古典派の範疇（18世紀末から19世紀初め）に入る音楽家である。しかし、"古典的"であるとは、冷やかさや厳格さを意味するものではない。モーツァルトの音楽は生命力に満ちあふれているのだから。同じ音楽言語を操っていた同時代の作曲家と比べて、モーツァルトはリズム、メロディ、ハーモニーの独創性や、対位法において要素を結合させる技量が傑出している。管弦楽の音色も、多彩で生気に満ちている。

モーツァルトが歩んだ人生は平坦なものではなかった。常に働き、作曲していなければならなかったが、気軽な仕事のうちにすら天才の刻印が認められる。彼の類まれな音楽的才能と演奏の腕前は、あまりにも早い時期から顕著だった。彼は同僚や若い音楽家たちにとって教師であり、またアドヴァイザーでもあった。彼の早熟さは典型的な「神童」のそれであり、短い一生のうちに驚くほど偉大な作品を次から次へと生み出した。モーツァルトの死をめぐる状況は謎のベールに包まれ、そのいくつかのエピソードは残された彼の妻によっ

はじめに　9

てプロモーション的な価値を見出されもした（なかには信用できないものもある）。

　この本でなされる会話はフィクションであるが、まったくの絵空事というものではない。モーツァルトは利己主義的ではあったが、同時に友好的であり、他人の援助もするような人物だった。本書の中で、ウィーンを訪ねたひとりの見知らぬイギリス人——有能な学生、あるいは、オペラかコンサート企画のためのスカウトマンかもしれない（モーツァルトはロンドンからの招待を数多く受けていた）——への対応にみられるように。

　私たちはモーツァルトの最後の日々、すなわち1791年の11月末に彼と出会うことになる。このときの彼は、翌月の初めに死をもたらすことになる病にすでに冒されていると思われる。モーツァルトはすでに両親のみならず自分よりも若い友人たちを亡くしており、病気は彼の思索をみずからの死にも向けさせている。彼の心は現在と過去を去来してさまよい、こちらの質問によってまた引き戻されるような状態である。モーツァルトの話しぶりは彼の手紙に似ている——シリ

アスでいながら、時々機嫌や話題をころころと変え、気まぐれな様子がうかがえる。

　対話を通じて、彼はこれまでの人生と成し得た偉業、社会的上位の人々や同業芸術家との関係、宗教的・政治的信念などを回顧する。ライトモティーフ〔繰り返し使われる短い主題や動機〕には、比類のない教育、みずからの生涯の受容、不安定な経済状態、そしてもっとも濃密な関係にあった父親レオポルトなどが含まれる。しかし、モーツァルトが素晴らしい作品の数々を思い出すとき、音楽性が泉のごとくあふれ出し会話の流れをさらっていくのである。

はじめに　*11*

ヴォルフガング・アマデウス・モーツァルト（1756-1791）小伝

　「モーツァルト」という名前は、あるイメージを呼び起こす。耳に心地よく響く美しい音楽、神童で天才、夭折し貧乏のうちに葬られた芸術家……。前者2つの印象は正しいが、最後については考察の余地がある。モーツァルトは10代の頃からすでに円熟した芸術家であり、35歳で世を去っている。当時の訃報記事では、彼をヨーロッパでもっとも有名な音楽家とみなしている――モーツァルトは膨大な数の作品を完成させ、また演奏家としても偉大なヴィルトゥオーゾの一人であった。彼の臨終は自然死であり、安い費用ではあったがそれ相応の様式で埋葬された。彼が負債を抱えていたのは事実だが、死が訪れたのは借金返済の見通しが立ったときであった。そして皮肉にも、死者のためのミサ曲〔《レクイエム》のこと〕を書いているさなかであった。このようなロマンティックな状況が、事実とは違う伝説の生成に一役買ってしまうことは否めない。

　モーツァルトの父、レオポルト（1719-1787）は素晴らし

いヴァイオリニストで有能な作曲家であり、ザルツブルクの大司教の宮廷で副カペルマイスター（副楽長）の地位にまで上った。

　母アンナ・マリア・モーツァルト（旧姓ペルトル、1720-1778）は7人の子供を授かるが、そのうち2人しか幼少期を生き抜くことができなかった。マリア・アンナ・ヴァルブルガ・イグナティア（通称ナンネル）は1751年7月に、ヨハネス・クリュソストムス・ヴォルフガングス・テオフィルスは1756年1月に生まれている。この男の子の名前のうち、最初の2つは滅多に使われなかった。家族内では「ヴォルフガング」であり、親しみをこめて「ヴォフェール（Woferl）」と呼ばれた。家の外では、彼は「モーツァルト」であった――彼の妻にとってさえも。古ギリシャ語で「神に愛されたもの」を意味する「テオフィルス」よりもむしろ、家族はそれと同義のドイツ語「ゴットリーフ」を使っており、そのラテン語バージョン「アマデウス」は彼の死後に定着した呼び名である。

　モーツァルトの人生は、大まかに二分することができる。1780年まで、小さな領邦ザルツブルクが彼のホームタウンで

モーツァルト（1756-1791）小伝　　13

あり、そこを拠点にして旅に出ては帰ってきていた。そして最後の10年間は、ハプスブルク帝国の首都ウィーンに居住している。モーツァルトは5歳のときすでに鍵盤楽器を操り、作曲をしていたという逸話が残っている。彼は次第にヴァイオリンにも才能を発揮し、のちには一回り大きいヴィオラも室内楽で演奏したが、なんといっても鍵盤楽器の腕前が知られている。そして旅を通じて、外国の言語と音楽様式を呼吸するかのように自然に修得していった。彼は学校には行かなかったが、彼が受けたレベルの高い教育は音楽面にとどまるものではなかった。彼は数学に興味を示し、ジャンルを問わず読書をし、当時の知的な潮流を取り込むようになったのである。

　レオポルトは、才能あふれる彼の子供たち（姉ナンネルも資質にすぐれた音楽家だった）のおかげでザルツブルクからの脱出を実現する。ザルツブルクは隔離された田舎町だったが（後年のモーツァルトにとっては特に）、その地の貴族と高位聖職者たちは帝国のどこにおいても強く結びついており、彼らはしばしば頼りになるパトロンであった。一家がミュン

ヘンとウィーンを訪ねた最初の旅（1762年）は、ハプスブルク帝国とのコンタクトが始まるきっかけになった——その関係は困難をはらんでいたが、だいたいにおいて有益でもあった。1763年の6月初旬に始まった一家の次なるツアーは3年以上に及び、ザルツブルクで流布される広報紙にその様子が大々的に記されたため、レオポルトの地位は維持されたのだった。

ドイツ、パリ、そしてロンドンで、幼いモーツァルトは第一線の音楽家たちに邂逅し、貴族や知識人といった選ばれた観客の前で演奏した。一家が1年以上滞在したロンドンの音楽文化はイタリア勢に席巻されており、そのことはフランス音楽嫌いだった一家を満足させた。この都市には、すでに亡くなっていたが忘れられてはいなかったヘンデル〔ヘンデルはイギリスに帰化した〕や、ヨハン・セバスチャン・バッハの一番下の息子ヨハン・クリストフをはじめとするドイツの音楽家たちも魅了されていた。ロンドンで、モーツァルトは鍵盤楽器のための作品を作曲し、最初のソナタが出版された。また、声楽のレッスンも行なった。モーツァルトとナンネルは人々の好

モーツァルト（1756-1791）小伝　　15

奇の的となり、また科学的研究の対象にまでなって、王立協会発行の学術論文誌にその報告が掲載されるほどであった。

　1766年11月、ザルツブルクに戻る途中で、一家はオランダとパリに寄る。レオポルトは人々からの称賛と現金、かぎたばこ入れなどの贈り物を手にした。彼の得たささやかな利益で、幼い子供たちを過酷な旅に連れ出したことを正当化できるだろうか？　きっと否である。しかしレオポルトは、神が彼に託した奇蹟を世界中にお披露目しなければならないと心から信じていたのだった。

　レオポルトはザルツブルクからの脱出計画を続行し、息子の才能にあやかってやがては収入のよいカペルマイスターの地位を得ることを望んでいた、モーツァルトの音楽は常に成熟度を増していき、オラトリオ《第一戒律の責務》の一部や、短いラテン語オペラ《アポロとヒュアキントス》など膨大な音楽を創作し、年上の世代と同等の報酬を得るようになるのにさほど時間はかからなかった。交響曲と協奏曲の要素を結合させた、大学年度末の祝賀セレナーデを含む世俗音楽創作の機会もあった。また、モーツァルトは町や音楽家個人のた

めに、5曲のヴァイオリン協奏曲や最初のピアノ協奏曲、いくつかの交響曲を書いている。

　彼はオペラの創作を熱望していたが、それは確かに、彼が国外で成功を得るための主なチャンスだった。1767年から68年にかけてのウィーン滞在では天然痘の流行に遭い、一家はボヘミアに逃れることになる。ウィーンに戻ると、皇帝ヨーゼフ2世は劇場に対して熱烈な関心を示しており、父レオポルトは、皇帝が幼い天才息子にオペラを注文してくれるだろうと確信したのだった。しかし劇場支配人の考えは彼と違い、少年モーツァルトの能力には疑問を抱いていた。モーツァルトの最初のオペラ・ブッファ（イタリア喜劇）《見せかけの純情娘（見せかけの馬鹿娘）》は、劇場にかけることを拒絶された。レオポルトは憤怒し、ウィーンに在住する信用のおけないイタリア人音楽家たち（ウィーンにしろザルツブルクにしろ、彼らは同等の能力を持つドイツ人音楽家よりも多いギャラを受け取るのが慣例となっていた）を敬遠したのだった。さらに深刻なことには、レオポルトは皇室を怒らせた可能性がある〔このオペラはヨーゼフ2世の依頼で書かれたが、劇場に上

モーツァルト（1756-1791）小伝　　*17*

演を拒否されたうえに作曲料も支払われなかったので、抗議の「請願書」を皇帝に提出。しかし皇帝は動かず、代わりに取り調べを行なったスポルク伯爵によって請願は却下された。レオポルトの行動は結果的に皇帝を巻き込み、事を大きくしてしまった〕。レオポルトは、12歳のモーツァルトによる短い最初のドイツオペラ《バスティアンとバスティエンヌ》（1768年）と、最初の長大なミサ曲〔ミサ・ソレニムス：荘厳ミサ〕が一家の帰郷前に上演されたことで、その名誉を部分的に取り戻すことができたのだった。

　モーツァルトの最初のイタリア逗留は1年以上に及び（1769年から71年）、ローマとナポリに滞在、ローマで教皇から騎士に叙階されたとき彼は14歳であった。この旅には父親が帯同し、母親と姉は家に残った——一家の初めての別居である。ミラノでは、好意的なオーストリアの総督がモーツァルトにオペラ・セリア（イタリア語によるシリアスなオペラ）を注文し、1770年12月26日に上演された《ポントの王ミトリダーテ》は成功裡に終わった。ミラノからはほかにも2つ注文が入り、2回に分けての旅を要することになった。フェルディナント大公〔オーストリア大公フェルディナント・フォン・エスターライヒ〕からは、

18

ミラノで行なう結婚式典用に短いオペラを依頼され、完成したのが《アルバのアスカニオ》（1771年）である。レオポルトは歓喜し、大公の母マリア・テレジアお気に入りの著名なサクソン人作曲家ハッセによる大掛かりなオペラに優る出来映えだ、と書き残している。より成功を収めた2つ目の注文は、オペラ・セリア《ルチオ・シッラ》で、《ポントの王ミトリダーデ》のあとを受けて2年間にわたり上演された。その後、モーツァルトがイタリアに戻ることはなかった。

　一方ザルツブルクでは、シュラッテンバッハ大司教が1771年に亡くなったことで劇的な変化が起きていた。神聖ローマ帝国の諸侯を兼ねていた大司教は、ザルツブルク宮廷でのレオポルトの雇用を保障したまま一家が演奏旅行に出ることを認めてくれただけでなく、むしろ奨励してくれた人物であった。シュラッテンバッハの後継となったヒエロニムス・コロレドは、一家の活動に対して懐疑的な考えを持っていたため、モーツァルトをめぐる物語では悪役のイメージがつきまとっている。少年モーツァルトはいまや、ヴァイオリニストとして、また大聖堂での作曲家としてそれなりの利益を得ていた

が、コロレド大司教は彼の宗教音楽創作に水を差したのだった。モーツァルトは、シュラッテンバッハの聖職在職50周年を祝うための寓話オペラ《シピオーネの夢》を作曲していた。それはコロレドの大司教叙階に合わせて修正を加え完成したものの、ザルツブルクでオペラを書く機会はその後1775年に訪れたのみであった（《羊飼いの王様》）。この直前、ミュンヘンでは新しいオペラ・ブッファ《偽の女庭師（偽の花売り女）》の上演を許される。1777年、モーツァルトは父親と旅行に出るためにザルツブルクを離れることを模索したが、その休暇願は拒否される。レオポルトはほとんど仕事を失いかけたが、モーツァルトは事実上解雇されることとなった〔レオポルトの解雇は最終的に取り消しとなる〕。22歳になろうとしていた彼は、ドイツでの仕事あるいはパリでの幸運を求めて、今度は母親と旅に出ることになる。

　父親から離れたモーツァルトは、自立と、それに伴う責任というものを体感する。彼はまた、交友関係に関しても自由な身となった。父の故郷であるバイエルンのアウクスブルクで、モーツァルトはいとこのマリア・アンナ・テクラ〔通称ベー

ズレ〕と親しくなる。彼女はモーツァルトがいささか下品な手紙を送った相手だが、これらの手紙はしばしば、彼が常日頃から口汚かった証拠として使われている。ドイツを離れたくなかった彼は、1777年から78年にかけての冬をマンハイムで過ごしたが、そこでは、プファルツ選帝侯カール・テオドールの気前のよい後援のもとでヨーロッパ一輝かしいオーケストラが活動していた。モーツァルトはその地の音楽家たちと近しく親交を結んだが、副カペルマイスターのアベ・フォーグラー〔ゲオルク・ヨーゼフ・フォーグラー〕の力量の低さを吹聴して、彼と仲違いしてしまう。ここマンハイムでは、アマチュアフルート奏者のフェルディナント・ドゥジャンに四重奏曲と協奏曲を書いている。弟子もとり、若く才能ある歌手だったアロイジア・ウェーバーに魅了される。そして父レオポルトの意向でパリに赴くが、オペラやコンサートの世界では以前の訪問時ほど歓迎はされなかった。それでも、新しい交響曲、通称《パリ》の初演は成功を収めている。しかしそこで悲劇が起きる。父の代わりに旅に同行していた母アンナ・マリアが病に倒れ、1778年7月に亡くなってしまったのである。

モーツァルトはパリから10マイルに位置するヴェルサイユでのオルガニスト職の話を断ったが、レオポルトの意向に反してすぐにザルツブルクには帰らず、フランス各地に滞在したのちにマンハイムへと向かった。しかし、今はバイエルン選帝侯となったカール・テオドールは側近とともにミュンヘンに移っており、アロイジアも、家族とともにミュンヘンに居を移していた。そこで、モーツァルトもミュンヘンに赴くのだが、アロイジアは彼を冷たくあしらったのだった。失恋したモーツァルトは、傷ついた心と疲れた体を引きずるようにして故郷に戻る。1779年1月のことであった。

　一家の日常に戻ったモーツァルトは、優れた教会音楽を創作する。《戴冠式ミサ》（1779年）と、格調高い《証聖者の盛儀晩課》（1780年）である。それにもかかわらず、コロレド大司教はモーツァルトを冷遇した。おそらく、モーツァルトは与えられた職務以外の仕事のほうに熱を注ぎすぎたのだろう。この時期、さらに優れた交響曲（慣習的な順では第32番から第34番にあたる）や、ヴァイオリンとヴィオラのための壮麗な協奏交響曲、そして、ウィーンで新しく組織されたド

イツオペラのカンパニーか、《偽の女庭師》をドイツ語上演した巡業カンパニーが興味を示してくれることを期待したであろう《ツァイーデ》を含む劇音楽が誕生することになる。

1780年、ミュンヘンからまた別の依頼が入る〔選帝侯カール・テオドールの宮廷からの依頼〕。コロレド大司教は、モーツァルトがその作曲に没頭し、指揮がとれるように休暇を与えた。この《イドメネオ》は、深刻で倫理的な内容をもつ神話的オペラである。作品自体は好意的に受け入れられたが、それに対して何の地位もついてこなかった。その後もザルツブルクに戻らずミュンヘンに長居していたところ、コロレドが冬を過ごしていたウィーンへの呼び出しに応じざるを得なくなった。モーツァルトはその機をとらえ、失職することになるとわかったうえで、そのままウィーンに残ることを決心したのだった。それは、父レオポルトにしてみれば大きな損失であったが、モーツァルトにとっては自由を意味した。類まれな才能と身を削るような激務によって、彼はウィーンで身をたてることに成功する。安定した収入を喜んで捨て、その代わりに自立を得たのである。彼は弟子をとり、一回のみの報酬で室内楽や鍵

盤楽器作品の楽譜を出版し（売り上げ印税というものは存在しなかった）、また公共の場、個人の邸宅、宮廷などで演奏活動を行なった。ほどなく、ドイツオペラのカンパニーから仕事の依頼が入る。そして1782年に行なわれた《後宮からの誘拐》の初演は大成功を収めた。オペラに関して、モーツァルトは後日の演奏などで二次使用料が発生しない定額報酬のかたちで仕事をしていた。全ドイツで上演されるようになったこのオペラは、もしも現代ならば彼に大変な収入をもたらしたことだろう。

　しかし、皇帝がイタリアオペラに対する一般大衆の好みに迎合したため、ドイツオペラのカンパニーはイタリア喜歌劇の一座にとってかわられてしまう。このことは、モーツァルトにとって逆風となり、向こう4年間ものあいだオペラ創作に着手することができなかった。それでも、ピアノ協奏曲の傑作を生みだし、予約演奏会〔チケットを前売して行なう公開演奏会〕で演奏するなど、活動は精力的に行なっていた。そして、彼の重要な庇護者であるファン・スヴィーテンが紹介してくれた音楽、特にバッハやヘンデルといった昔の作曲家の研究を続

けた。思いがけない成り行きで、彼の音楽語法はより複雑に、また豊かになり、しばしば世間が求めるレベルを超えたものになった。このため、彼にあって作曲という行為はより難度をまし、また、音楽愛好家たちにとっても、彼の音楽はより高度なものとなったのである。しかし、真の音楽家たちは彼を高く評価していた──1785年、ヨーゼフ・ハイドンはレオポルトに対し、「あなたの息子は私が知る限りもっとも偉大な作曲家だ」と語っている、

　1782年、モーツァルトはレオポルトの反対を押し切ってコンスタンツェ・ウェーバーと結婚する。彼女は歌手だったが、姉であるアロイジアやヨゼーファほどの才能はなかった。誠実で愛情深いパートナーを得たモーツァルトは6人の子供を授かったが、そのうち4人は幼いうちに命を落としてしまう。

　夫妻は1783年にザルツブルクを訪れている。ナンネルは音楽家としてのキャリアを積むチャンスを弟のために犠牲にし、数人の子持ちだった寡夫と結婚していた。彼女はコンスタンツェを疎んだが、それは個人的な理由からではなく、おそらくは一家の結びつきが壊されると感じていたからと思われる。

モーツァルト（1756-1791）小伝　　25

ナンネルは徐々に弟と疎遠になり、「コンスタンツェは浅薄な女性で、家のなかのことに関して無能だった」とする好ましくない伝説が広まったことに対してはある程度責任を負っている。

1780年代半ばのウィーンにおけるモーツァルトの地位は、1785年に彼を訪ねた父レオポルトによって「必要とするすべての家具がそろった、とてもよい住処」という言葉によって証明されている。社会的な地位も、フリーメイソンとしての身分によって認められていた。しかし、モーツァルトの公開演奏会はかつて盛況だった頃の勢いを失い、弟子をとって教えるレッスンもさほど儲かるものではなく（彼はレッスン代をとらないこともあった）、自作曲の楽譜販売による収入もわずかかという状況であった。1787年、モーツァルト一家はより家賃の安い住居に移る。この頃、新しい収入源として、モーツァルトは再びイタリアオペラに戻っていく。そこは、スペイン人作曲家ビセンテ・マルティン・イ・ソレール（「マルティーニ」として知られる）や、イタリアからウィーンにやってきた宮廷作曲家アントニオ・サリエリ、かつてウィーンを

訪れ多くの作品が知られていたジョヴァンニ・パイジェッロなど非常に優れた同業者たちの作品がしのぎを削る世界だった。サリエリは、モーツァルトに嫉妬したライバルとして不当に悪者扱いされてきた人物である。この2人が親しい友人関係ではなかったことは確かだが、もしどちらかが相手に対して嫉妬を覚えるとすれば、それはモーツァルトのほうであろう。サリエリは申し分ない定職をもち、社会的成功を収め、多額の収入を得ていたからである。これらの音楽家のなかで、特に知名度が高かったのはパイジェッロとマルティーニである。新人の宮廷付き詩人ロレンツォ・ダ・ポンテは、マルティーニとサリエリのためにオペラの台本を書いていたが、パイジェッロと《セビリャの理髪師》〔のちにロッシーニが同じ作品を書いて人気を得たために、パイジェッロ作のほうは影をひそめてしまった〕の仕事をしたあとの1785年、モーツァルトと組むことに同意する。

　そして誕生した《フィガロの結婚》は、1786年5月に宮廷の劇場で初演された。これは一定の好評は得たものの、メイン・キャストだったナンシー・ストレースが途中離脱して上演が中断されたり、マルティーニによるオペラ《椿事》に差

し替えられてそちらが大成功を収めたり、という憂き目にも遭っている。この差し替えは、《フィガロの結婚》における放蕩な貴族の人物描写が上流社会の不興を買ったためとも考えられるが、意外にも、マルティーニのオペラにも類似する人物が際立ったキャラクターとして登場したため、モーツァルトの《フィガロの結婚》も1789年8月に再演されてよみがえることになった。ウィーン初演と同じ年（1786年）の暮れには、ボヘミアの首都プラハで「フィガロ現象」が巻き起こっている。同地で、モーツァルトは素晴らしい交響曲《プラハ》を作曲（1787年）し、新しいオペラ制作の注文を受けた。ウィーンに戻った彼は、優れた2つの弦楽四重奏曲を書き、オペラ《ドン・ジョヴァンニ》の作曲に打ち込んだ。1787年5月、レオポルトは自分が描いていた家族の将来計画をわが子が捨て去ったことにいささか憤慨したまま、ザルツブルクで息を引き取ることになる。《ドン・ジョヴァンニ》はその年の秋、プラハで大好評を得たが、翌年の5月に行なわれたウィーン公演はそれほどの成功をみなかった。その後《ドン・ファン》としてドイツ語でも上演された。

1788年の夏、モーツァルトの成功は頂点にあったはずである。この頃の彼は信じがたいほど旺盛な創作期に入っており、最後の交響曲3曲、ピアノ三重奏曲の数々を書いている。にもかかわらず、フリーメイソン仲間のミヒャエル・プフベルクに借金を無心する手紙を送っている。なにがうまくいかなかったのだろうか？　皇帝ヨーゼフ2世が対オスマン帝国の戦争を決めたことで、ウィーンの富裕階級が文化芸術に対してあまりお金を費やさなくなったこともあるだろう。しかし、レッスンや演奏活動における収入の低下はオペラ制作によって相殺されていたし、ヨーゼフ2世は彼に「皇室宮廷音楽家」という名誉職を与えていた。彼の収入を確実に証明できる資料は少ないが、おそらく、それを貯蓄にまわすよりも消費のほうが上回っていたのだろう。四輪馬車やビリヤード台などの一時的なぜいたく品は売却してしまうこともできたであろうが、礼服や家賃、治療費などは彼にとって避けがたい出費だった。モーツァルトもコンスタンツェも健康を害していた時期で、彼女はウィーン近郊のバーデンに温泉治療に出かけている。モーツァルトは亡くなったときに借金を抱えていた

モーツァルト（1756-1791）小伝　　29

が、それは返済の見通しの立つものであった。現代の我々に
たとえてみれば、クレジットカードで買い物をして一時借り
入れをしているような状態だったのである。

　1789年、起死回生をはかるモーツァルトはドイツ北部を訪
れたが（彼は音楽を愛好するプロイセン国王〔フリードリヒ・ヴィ
ルヘルム2世〕を視野に入れていた）、この旅に同行したリヒノフ
スキー侯爵に借りている額をわずかに上回るほどの収入しか
得られなかった。1790年1月、ダ・ポンテとモーツァルトは、
コンビを組んで3作目となる《コジ・ファン・トゥッテ》を
創作する。しかし、皇帝の死去により上演は中断を余儀なく
された。モーツァルトはフランクフルトに赴き、ヨーゼフ2
世の弟で、帝位を継いだレオポルト2世の戴冠式に臨席する。
レオポルト2世はモーツァルトを皇室宮廷音楽家の地位に留
めおいたが、ダ・ポンテは解任され、モーツァルトが宮廷劇
場のために作品を書くことはその後一切なかった。

　1791年、創作数が減った2年間を経て（それでも卓越した
室内楽は生みだされている）、モーツァルトはジャンルを自
由に行き来して作曲を行なっており、新しいオペラも2作創

30

作している。喜劇性と精神性が奇跡的に融合した《魔笛》は、ウィーン郊外のヴィーデン劇場を管理していたエマヌエル・シカネーダーの依頼で作曲された。もうひとつの《皇帝ティートの慈悲》は、レオポルト2世のボヘミア王戴冠を祝うためにプラハの貴族から依頼を受けたものである。これは好評を得、《魔笛》のほうも大成功を収めた。モーツァルトはまた、ウィーンのシュテファン大聖堂でも無給状態で働いていた（現職のオルガニストが亡くなったときにはそのポストを引き継ぐことが約束されていた）。彼はレクイエムの作曲依頼も受けたが、その前にクラリネット協奏曲と、フリーメイソンのためのカンタータを完成させなければならなかった。

　1791年11月の半ば、モーツァルトは伝染性の病に罹患する。当時、治療法として万能だと思われていたのは瀉血で、それが彼にとって致死的なものとなってしまった。医師が氷を用いて熱を下げようとしたとき、モーツァルトは意識を失い、数時間後に息を引き取った。12月5日のことであった。途方に暮れたコンスタンツェは、友人たちの助けでなんとか立ち直り、自分の年金を確保し、モーツァルトの楽譜出版物を管

理した。そして、再婚したゲオルク・ニコラウス・ニッセンとともに、モーツァルトの伝記を書いたのだった。モーツァルト夫妻の長男カール・トーマス（1784-1858）は文官となり、次男フランツ・クサーヴァー（1791-1844）はみずからモーツァルト2世を名乗り音楽家として活動した。2人とも生涯独身で、これまで知られている限り子供も持たなかった。

モーツァルトとコーヒータイム

いよいよインタビューを始めましょう……

ここから、モーツァルトとの
架空の対談が始まります。
15のテーマについて、
突っ込んだ質問にも率直に答えてもらいます。

ゴシック体で書かれた文字は質問、
明朝体の文字はモーツァルトの回答です。

人間モーツァルト

MOZART THE MAN

　モーツァルトに対して人々がもつイメージは、気高い音楽家から、ピーター・シェーファーの同名戯曲に基づく映画《アマデウス》（ミロス・フォアマン監督）で描かれたようなふざけた性格まで多種多様である。しかし実際のところは、そこまでエキセントリックではない。モーツァルトは音楽にとりつかれた人間だった。これから始まる会話の中で、思索をさえぎられても彼の心は常に音楽に立ち戻り、おもに他の音楽家たちとの関係性のなかで自分自身の立ち位置を確認している。彼の自己評価が高いことは明らかだが、それは、モーツァルトが社交的な人間であるという事実を妨げるものではない。彼は他人に金銭を借りるだけでなく、貸すこともできた誠実な友なのだ。

── こんにちはモーツァルトさん！　声をかけさせていただくことをお許しください。私のことはご存じないと思いますが、ロンドンのストレース嬢と彼女のお兄さん、そしてミスター・ケリー、彼らはあなたと私の共通の知人ということになるのです。自己紹介させていただいてもよろしいでしょうか？　私は熱狂的な音楽愛好家でありまして、ウィーン在住のもっとも偉大な音楽家、つまりあなたのことをもっと知りたいと熱望しているのです。

あなたはお世辞をおっしゃっていますよ。それから、あなたにお会いしたのは嬉しいのですが、正直申しあげて今日はあまり気分が良くないのですよ……。

── それは本当に申し訳ありません。もしよろしかったら、この宿でなにかご馳走しますが、いかがでしょうか？　たとえばコーヒーなどは？　もしお時間がおありなら、落ち着いてお話をさせていただけますならとてもありがたいのですが。

なるほど、いいでしょう。なにか食べるものを少しいただけるなら気分が良くなりそうです。あ、それから、グラス1杯のビールもいただけたら。

——（席に座り、注文を済ませてから）モーツァルトさん、顔色が良くなりましたね！　さて、あなた自身のことについていくつか質問させていただけるでしょうか？　たとえば、ご自身を説明していただくことから始めていただけませんか。

それは大仕事だな。——僕は多くの人に多くのことをしてきた。宮廷では神童として見世物になって……あの頃の衣服はかわいらしくて好きだったな！　そして音楽家として、注文に応えてミサ曲やセレナーデやオペラを作曲した。協奏曲やアリアは友人たちのために……すべては1回の機会のためだったね。僕は音楽の生産者だよ。必要とされればなんだって書くんだ。宮廷詩人のように……または牛がミルクを出すようにね！　そんな状況は今も続いている。最近書いたのは蝋人形館用の、機械仕掛けでキーキーきしむ哀れなオルガ

ンのための作品さ。でも、いい曲だよ。ほとんどの作曲家
は、いわばごみを吐き出して金をとる。ウィーンでのいくつ
かの"注文"は、僕自身が出したものだ、たとえば僕が演奏
会で弾くためのピアノ協奏曲のようにね。でも、いつでも他
の仕事がある。義姉のアロイジアにアリアを1曲求められれ
ば、書く。シュタードラーがクラリネット協奏曲を欲しがれ
ば、渡す……という具合にね。僕は宮廷の仕事も得た、皇室
宮廷音楽家となってね。でも「楽長」じゃないんだ、そ
んなトップの仕事じゃない。人が僕を「カペルマイスター」
と呼ぶのはまったくかまわないけれどね！　僕が有名なカペ
ルマイスターになるのが父の夢だったんだ。それから、今は
また教会音楽家をしている。シュテファン大聖堂の……。

── それらのご説明はすべて職業的なことになりますね。
あなたご自身のことについて、もう一度お聞きしてよろしい
ですか？　あなたはどんなタイプの人間なのでしょうか。

僕はシンプルな人間だよ。正直に行動するんだ。自分の責任

モーツァルトとコーヒータイム　　37

においてわが道を進む。

—— 恐縮ながら、あなたは負債を負っているという噂を聞いているのですが。

そう？　まあ、噂っていうのはしばしば本当だったりするね……。確かに、僕はたびたび借金を抱える身だ。でも、誰かそうでない人などいるのかい、このウィーンで？　僕は自分の地位を保持しなければならない——衣服にお金を費やさないなんてことできないよ。そう、僕は今でも上等の衣服が好きなんだ。もしもいい身なりをしていなかったとしたら、誰も僕を家の中に招き入れてくれないだろうね。四輪馬車はもう手放したよ。僕は1台持っていれば節約になると思ったのだが、それは誤算だったね。人はこうやって学習するもんだ！　嗚呼、ビリヤード台——あれも手放すしかなかった。ともあれ、借金は返せるよ。僕はお金に疎いけれど、誠実だ——あらゆる面でね。浮気をしたこともない。3年前、コンスタンツェが重い病気にかかって、このまま死んでしまうん

じゃないかと思ったことがある。医者たちは僕を破産させるために最善を尽くしたね。いま僕の子供たちはまともな学校に通っているが、どちらも相当な金がかかる。

—— 失礼をお許しください、しかし、外見のためにそんなに浪費するのは、少々むなしくないですか？

まあよろしい。このうまいビールに免じて許してしんぜよう！　確かに、僕は髪を本式に整えて粉を振りかけるのが好きだが、それは宮廷に赴いたり、ピアノを教えに行ったりするときに必要なのだ。理髪師が来るまでは、ひたすら作曲をしている。僕は怠け者なんかじゃない。父は、僕が真面目にヴァイオリンを練習しないと言ってたけど、僕は作曲しなければならないしピアノも弾かなきゃならない。すべて同時に完璧に、なんてできないさ。きっと僕は自己中心的で、仕事に夢中になりすぎるのだろうけれど、創作か、飢死か！　あるのはこの二者択一のみだ。

　でも、仕事から離れているときは自由を感じるし、くつろ

モーツァルトとコーヒータイム　　39

げるよ。ばからしい冗談を言ったりもする。親しい友人たち
とは、多少無作法な言葉をやりとりしたって気にしやしない。
僕たちはみんなリラックスしなくちゃね。彼らとのやりとり
は最高だったな……。

—— あなたは結局、音楽と仕事の話をし続けていますね。

こりゃ参った。僕はゲームが好きで、公園を歩くのが好き
で、寝るのが好きだ——、そして、コンスタンツェが家にい
るときは2人で楽しむ……。わかるだろう？　僕たちには6
人も子供ができたのだからね！　2人しか残らなかったけれ
ど……。

—— お察しします。コーヒーにしますか、それともビール
をもう1杯？

ありがとう、そうだね、ビールにしよう。もし差し支えなけ
れば。

40

モーツァルトと同業者たち
MOZART AND HIS PEERS

　　モーツァルトの音楽は、しばしば難しいものと捉えられた──哲学者ジャン・ジャック・ルソーの影響力があった時代には当然と受け止められていた無理のない自然さより、むしろ凝った創作の意図が感じられる芸術作品だからである。それにもかかわらず、この会話が行なわれている1791年の時点でも、モーツァルトの名声は高かった。彼自身が他の作曲家たちをどう見ているかと言えば、重用されていたイタリアの音楽家たちに関する父親の偏執狂的傾向を受け継いではいたが、正当に与えられている評価に対しては了としていたであろう。その"イタリア人作曲家"のなかには、ヨーゼフ2世がモーツァルトと競演させたヴィルトゥオーゾ演奏家・作曲家のムツィオ・クレメンティや、ウィーンで長く活躍した宮廷作曲家アントニオ・サリエリがいる。

―― あなたは、他の音楽家たちをどのように見ていらっしゃいますか？　彼らよりもご自分のほうが優れていると確信されていますか？

そう。率直に言って、僕のほうが優れているという自信があるね。父は、僕のことを神からの贈り物だと考えていたよ。それは僕には何とも言えないけれど、小さい頃からキャリアを積んで、身を粉にして働いて、ヨーロッパ全土の素晴らしい模範的音楽から学んだことは確かさ。帰着するところ、いったい他の誰が僕の《ドン・ジョヴァンニ》やピアノ協奏曲や、ハ長調の交響曲を書けたか？ってことだ。

―― そのハ長調で、あなたはほかにも作品をお書きになりましたよね？

もちろん。あれを書いたのはいつだったか……。そう、3年前だ。娘が死んですぐのときだった。同じ時期に、この春にサリエリが指揮したト短調交響曲を作曲した。あの曲のオー

ケストラ編成に、僕はあとからクラリネットを加えたんだ。フルート、オーボエ、そしてクラリネットが入ったオーケストラの音は素晴らしいね……。パパ・ハイドンのことを僕はとても崇敬しているけれど、彼ですら、あんないい交響曲は残していないよ。

—— 最近の作曲家ではそこまで卓越した者はいないと？

何人かはいるね……。イタリア人だけじゃないよ。パイジェッロは僕をほめたが——彼のオペラは僕のよりも多く上演されている。マルティーニのもだな。彼はちょっと間抜けだがいい奴だ。それに、クレメンティ！　全部が明快で、右手ばっかりで……味もそっけもない。僕は彼を「山師」と呼んでるんだ——彼に面と向かっては言わないよ、僕の姉にだけだ。彼は僕の演奏を称賛したけど、それは本気だったと思うよ。僕の左手はよく働くからね、右手だけじゃなく。それは斬新だったんだと思う。それから、フンメル、ベートーヴェンといった若い人たち——彼らは僕を追い越していくだ

ろうが、それがどうした！　僕がクレメンティに手厳しいの
は、彼には間違いなく才能があるからだ。

　だけどパリでは、あのカンビーニは僕の真価を認めなかっ
た。たぶん僕は、彼の音楽に手を加えて演奏するべきではな
かったんだな……。でも自分を止めることはできないよ、ど
うやったらもっと良くなるのかわかってしまってるんだか
ら！

　ほとんどのドイツ人作曲家は友好的だったね。だがマンハ
イムの、あのどうしようもないフォーグラーは違った。若
い頃に会った、ロンドンのバッハ〔ヨハン・クリスチャン〕も親切
だった。僕は彼を大いに尊敬している。ハッセもだ。それと
ミスリヴェチェク、哀れなやつ。ミュンヘンで母は僕に、彼
に会うべきじゃないと言ったよ。彼の顔は醜く崩れてしまっ
て──身持ちの悪い女から移された病気でね。せめてそのと
きはお楽しみだったことを祈るよ、かわいそうな男だ。僕は
絶対、そんなふうにして自分の健康を危険にさらしたりしな
いね！

　それと、マンハイムにいる友人たち──あのオーケスト

44

ラ！　そしてウィーンにはシュタードラーがいる。彼はなん
という演奏家、なんという発明家だろう！　音域が広げられ
た彼のクラリネットから生まれる、あの甘くこもった低い
音……。素晴らしいね。彼はプラハで、僕の新しい協奏曲を
演奏したばかりだ。それから、役に立つ友人でチーズ屋のロ
イトゲープ。僕は今、彼のために新しいホルン協奏曲を書い
ている——4曲目だ！　彼、この頃は息が切れてしまうから
高音が出せないんだよ。彼に協奏曲を書くたびに、ひとつ前
の曲よりも易しくしていかなきゃならない！　でも、あの音
色、あの技量はやはり彼ならではのものだ。

——　サリエリとの関係について教えてください。彼に嫉妬
する気持ちはありますか？

そうでもないね。彼は古臭くて悪い、ってことはない。僕と
そんなに歳が離れているわけではないし——ただ、そう見え
るだけさ。それに、彼は下手クソな作曲家ではないよ。僕は
"彼の"台本作家、そう、あのダ・ポンテと仲良くなりすぎ

モーツァルトとコーヒータイム　　45

てしまった。彼らの最初のオペラが失敗に終わったとき、サリエリはそれをダ・ポンテのせいにしたんだ。でも、彼はその後、ダ・ポンテがマルティーニや僕とやった仕事を見ることになった！　そこでサリエリは《恋人たちの学校》にとりかかろうとしたんだが、結局諦めたのさ。僕がその作品で成功を収めたとき、彼は喜んでいなかったよ。しかし彼は、僕の音楽を尊重していた——新しい皇帝の戴冠式の際に僕の音楽を使ったし、《魔笛》を好んでいたしね。彼はドイツオペラを書こうとはしなかったから、ボックス席に座って僕の《魔笛》をグランドオペラと呼ぶことにも満足だったはずさ。

　カヴァリエリをはじめとする歌手たちも友人だ。僕は彼らとうまく付き合った——自分たちが必要なものを僕が理解しているということを、彼らはちゃんとわかってるんだ。シカネーダーのところの歌手たちは——シャックとゲルルのことだが——なかなかうまく作曲をするよ。昨年、《賢者の石》のなかのいくつかを作曲している。《アントン》もだ。僕は、彼らのメロディを主題に使ったピアノ変奏曲を書いてるよ。歌手と言えば、ストレースは素晴らしい女優だね。歌もなか

なかうまい。あのアイルランド人、オケリーも好きだ。君は
彼を知ってるね。僕は彼に、作曲のコツをいくつか伝授した
んだ。ああ、それより前に、《後宮からの誘拐》でベルモン
テをやったアダムベルガーがいたな。彼はフリーメイソンの
「兄弟」〔フリーメイソンでは、会員仲間を兄弟と呼ぶ〕でいい友達だ。

—— ランゲ夫人についてはいかがですか？

ああ、アロイジア……僕の義姉。僕が彼女に恋していたこ
とは、公然の秘密になっている！　コンスタンツェはすべ
て知っているよ、もちろんね——僕らはマンハイムで一緒
だったのだから。でも、アロイジアとは、ウェーバー一家が
ウィーンに引っ越す前に終わったんだ。そう、僕らはしばら
くのあいだ冷ややかな間柄だったけれど、乗り越えた。彼女
の夫〔ヨーゼフ・ランゲ〕は僕の肖像画を描いているんだよ。まだ
完成はしていないが、すごく気に入っている！　彼は僕の父
も描いていた、スケッチだけどね。あれがその後どうなった
かは知らないが。彼らの前では、僕は僕のままでいられるね。

モーツァルトとコーヒータイム　　47

ファミリーの一員としてね。

—— でも、あなたのほうが……？

そうだね、君がそう聞くなら……僕のほうが、より上だと
思っている。ピアニストとして、作曲家としてね、でも歌手
としてとは言わないよ！　画家としてでもない。歳を重ねた
今、人々は僕の業績を尊敬してくれる。そして彼らを助けて
る——彼らの演奏会で弾くことでね。彼らは僕のために歌い、
僕は彼らのために演奏する。ストレースがウィーンを去ると
きには、お別れの演奏会用にピアノのオブリガート付きのア
リアを書いてあげたが、あれは特別だ！　僕には弟子もいる。
あの小さい坊や、フンメルに注目しているといい。彼はこの
1年間、僕たちと一緒に住んでいたんだ。報酬はないが、あ
あいう才能が成長するのを見ることは価値があると思うね。

世間並の夫

AN ORDINARY HUSBAND

モーツァルトの死後、彼の乱れた女性関係や妻コンスタンツェへの不貞の噂が広まったが、どれひとつとして実証されたものはない。カヴァリエリ、ストレース、ドゥシェックといった歌手たちは、モーツァルトとのロマンティックな関係を取りざたされているが、いずれも確証はない。モーツァルトが上質なソプラノの声音を愛したことは明らかで、彼女たちにアリアを書くだけでなく、喜んで浮わついたジョークを交わしていたこともわかっている。しかし、このようなことで彼が性的な面で偽善者だったとか、早すぎる死は身持ちの悪い生活に起因する、などと決めてかかるのは早計である。

── あなたの人生において、女性とは何でしょうか？

私が見も知らぬ相手にこんなことを告白するなどとは、君も
思ってないだろうね、まじめな話！　コンスタンツェと出会
う前には、アロイジアがいた。その前には、いとこ〔ベーズレ
のこと〕にちょっと恋をしていた。僕らは同じような馬鹿らし
しい冗談が好きだったからね。ああ、言わなくてもわかるよ、
君が聞きたいことは顔に書いてある。僕らは、"後ろから出
てくるもの"について面白おかしく話すことが好きだったの
さ！　僕の父と母もその種の冗談を好んだよ。それからマン
ハイムのあの愉快な人たち、フルート奏者のヴェントリンク、
カペルマイスターのカンナビヒ……いい酒を飲み、ちょっと
下品なジョークを言い合い、歌い、でも悪いことはしない。
なんと素敵な日々！……。いとこは結婚せずに子供を産んだ
──かわいそうなことだ。僕なら彼女を救ってあげられたか
もしれない……。

── それは、あなたのせいではありませんよ。……本当に。

50

あなたの歌手たちのことについて、もう少しお話ししていただけませんか?

僕の歌手たち? 多すぎるなぁ! いけ好かない女も何人かいる、でも真の友人が多いよ。ドゥシェックもその一人だ。彼女のためにアリアを1曲書くまで、夏の別荘に閉じこめられたんだ。あれはプラハで、《ドン・ジョヴァンニ》の頃だった。僕が書いたのは扱いにくいアリアだった、音程をとるのにコツを要するような……。しかし彼女は楽譜を見れば何でも歌えてしまうんだ。かけがえのない友達だよ。僕が近くにいなくても、僕の音楽を歌ってくれる。ほとんどの人間はそんなことしないからね。何人かの歌手は、僕に修正を要求したことがあるけど、アリアというのは彼女たちを満足させるものでなくてはならないからね。僕は、音楽における帽子屋だな! それぞれの頭の形に、帽子のほうを合わせるのさ。それが彼女にとっての成功で、僕の成功にもなるわけだ。

―― 女性歌手たちに満足してもらうことは、男性歌手より

も大変ですか？

そんなことはない。最悪だったのは、ミラノにいたあのテノールだ。名前は何だったかな、エットーレ？　彼はどこかのイタリア人のアリアを歌うと言い張ったんだ、"僕の"オペラでだよ。他の誰も、僕にそんなことをしなかったよ。もちろん、僕はほかの人たちのオペラのために曲を書いたこともあるけど、彼らをいらいらさせるような真似はしなかった！　僕はいつだって、彼らの与える印象がよりよいものになるように書くしね。たとえば、僕たちの歌手のために書かれたわけではないイタリアのオペラがあって、オリジナルのままではアロイジアにうまくはまらなかったからちょっとアレンジした。あんなに特別な声、透き通るような高音を持っていても、そういうことが起こるんだ。自分が書いたオペラでも、同じような改作をしたことがあるよ……。《フィガロの結婚》でフェラレーゼが歌った新しいアリアだ（知ってのとおり、彼女はダ・ポンテの恋人だった。僕はこの2人の希望を聞いてやらなきゃならなかった！）。でも僕は、ストレー

52

スのために書いたオリジナルのアリアのほうが気に入っている
るけど……。そういえば、フェラレーゼとダ・ポンテが別れ
たこと、君はもう聞いてるかい？

―― はい、確かに。あなたはほんのちょっとでも、歌手た
ちと恋に落ちたことはないのですか？

それはないね！　僕は、あのダ・ポンテの友人カサノヴァと
は違う。どこにでもいる、世間並の夫さ……。そして労働す
る男だ。

作曲家として
THE COMPOSER AT WORK

　モーツァルトの作曲法をめぐる伝説──そのいくつかは彼の死後に捏造された手紙によるものだが──は、彼が超人的な集中力と記憶力の持ち主だったことを示唆している。歴史的な証拠によって、モーツァルトは鍵盤上と譜面上というごく普通の方法で作曲していたことがわかっている。さらに、彼の手稿はとても美しく、最初から確信をもった筆致で書かれているが、ときには誤記もある。未完に終わった作品のいくつかは、彼の死後に他の作曲家によって補筆され（そのことは長いあいだ明るみにならなかった）、近年になってそのようにして完成した作品も少なからずある。

—— あなたは、ドイツにおける最良のピアニストです。な
のになぜ、そんなにたくさん作曲したのですか？

君の質問は僕を混乱させるね。だって、音楽家というのは作
曲するものだろう？　もちろん、僕はほかの作曲家たちの作
品も弾いたけれど——特に、いいものを書き残すにはまだ若
すぎた頃にはね！　それに、お金のためには曲を書かなきゃ。

—— 演奏ではあまりお金が入らないのですか？

入るときもあるけどね。でも、オペラ1作に100ドゥカート。
悪くない！　そしてレクイエムに50ドゥカート！　お安い
御用だね。

—— お安い御用？　あなたが言うならきっとそうなので
しょう。では聞かせてください、どのように作曲をなさるの
ですか？

モーツァルトとコーヒータイム　　55

どのようにだって？　なんておかしな質問なんだ！　僕は作曲することが何よりも好きなんだ、弾くことさえも超えてね。まあ、これらはしばしば同じことなんだが……。

―― なぜ同じことなのですか？　あなたは作曲するにあたって鍵盤楽器が必要なのですか？

必要ないさ、無論！　なんという質問だ……。ああ、次のビールがきた。申し訳ない、まだ喉が渇いているんだ……。（ウェイターに）ありがとう。

　ざっくばらんにお答えすることにしよう。僕としては、手の届くところに鍵盤楽器があるほうが望ましい。しかしそれは、何かを創案するためではなくて、即興演奏とリンクさせるためなんだ。そう、複数のアイディアを数珠つなぎにするとでもいうかな。現代の音楽において、いかに我々がコントラスト、いわゆる“キアロスクーロ（明暗）”を好むか知ってるだろう？　同じテンポのなかで異なるアイディアを共存させる、色合いを移ろわせる、光と陰、長短のハー

モニー……。魅惑的だ！　そしてそれが、聴く者の興味をつなぎとめるんだ。そのことを、僕はロンドンのバッハから学んだよ、彼は高貴で偉大な作曲家だ。あんなに早く亡くなってしまうなんて寂しいことだ——今の私よりは年上だったが。……何について話していたのだったかな？

——複数のアイディアを数珠つなぎにする、という……。

ああ、そうだった。父はそれを、「イル・フィーロ（糸）」と呼んでいた。複数のアイディアを結びつけた脈絡のことをさ。でも彼は、僕が物事をあまりに難しくしてしまうことを心配していた。あの手紙のことはよく覚えている……。僕がマンハイムにいたときだと思う。「些細なことでも、もしそれが自然な形で行なわれているなら素晴らしいのだ。よどみなく流れ、よく構成されているならば。それは人工的な和音を作り出すよりも大変なことなのだが、人々のほとんどはそのことを理解していない……。」きっと、父には「大変なこと」だったけれど、僕にはそうじゃなかったってことなんだ。父はほ

かに何を言っていたっけ？　「巧みに構成されアレンジされたアイディア、"イル・フィーロ"……これによって、マエストロか野暮な田舎者かの区別がつくのだよ、どんな些細な作品でもね……。」もちろんこれはすべて、販売用に印刷された音楽のことだ。たとえば、マンハイムのあのオランダ人医師のために書いたフルート四重奏曲のようなね。彼の名前は何だった？　デシャン？　ドゥジャン？　父は、僕が彼の注文を半分しかこなさなかったことを怒っていたな……。

　聴衆の前で即興するのは難しい。音楽愛好家の紳士たちを喜ばせるものは弾けるけど、それを書き留めたくはないな。大バッハの作品にあるような、大胆な不協和音。衝突する旋律線、しかし論理的にね。それらを切り離して、さらに美しい調和のなかでうまく作用させる。フーガ……これを書くのはとても難しい！

——しかし、あなたはそれらを即興で演奏なさる？

そう、もちろんだ。そして逃げる——すぐに調を変え、主題

に戻るのさ……。するとみんな「ブラボー！」と叫んでくれる。しかし、譜面の上ですべてコントロールできていれば、再演にも耐えられる……それはまた別のものだね。フーガだけの話じゃない。コントラスト──キアロスクーロを実現するには、細心の注意が要求される。聴いている人が予期しない驚きを作り出さなくてはならないが、その方法は専門家が理解できて、愛好家にも好まれるようなものであることが必要だ……。なぜそうなっているのか、彼らにはわからなくてもね。もし、その注意を怠ったら、すべては壊れてしまうんだ！

── あなたが1本の糸につないだものは、決して壊れませんか？

たぶんね……。若い時分には、壊してしまったことがあったよ。しかし通常は、僕は自分の仕事に満足している。僕は昔の自作曲を採用したり、捨てたりできる。馬鹿なやつは、新しいものも捨ててしまうのだろうね。彼らがお金を出して

モーツァルトとコーヒータイム　　59

買ったものなら、そのあと何をしようが勝手だけれどね。ある馬鹿な金持ちが僕の四重奏曲を買った——それらはパパ・ハイドンに献呈したもので、書くのがとても難しくて多くの時間を必要とした——言っとくが、売れたって僕には印税も入らないからね！　それでこの男は、彼のおべっか使いたちと一緒に演奏を始めたんだが、すぐ演奏をやめて「この楽譜は間違いだらけだ」などとぬかして、楽譜を放り投げたんだ！　もちろん、その楽譜はちゃんと印刷されていて、間違いなんてなかった。

—— きっと、音楽が難しすぎたのでしょう……。

音楽というのは、指の運動じゃない、音符そのものだ。しかし、音符を超えたところで音楽をキャッチし、ハーモニーを聴けるようになるまで練習を重ねなければ、それらは意味をなしてこない。気楽にやれということではない。父がいつも言っていたように、専門家なら当然そうすべきなんだ！

弟子から教師へ
FROM PUPIL TO TEACHER

　モーツァルトは実地経験、すなわち演奏することと聴くことによって音楽を勉強した。室内楽の楽譜は通常、演奏しやすいように各パートに分けて出版され、スコアは勉強のために使うことが多かった。モーツァルトは、バッハ作曲のモテットの８つのパート譜すべてを床の上に広げて、それを見ながら頭のなかで一緒にしてインプットしたと言われている。彼の庇護者で、宮廷図書館長だったスヴィーテン男爵は、古い資料、特にすでに故人となっている作曲家の手稿の素晴らしいコレクションを所有していた。それらは非常に価値の高いもので、モーツァルトの勉強に大いに役立った。また、厳格な教師の顔もあったモーツァルトは、J.J. フックスが著した『グラドゥス・アド・パルナッスム』（1725年）に記されている伝統的な対位法のテクニックを踏襲してレッスンを授けていた。

—— あなたの先生はどなたですか？

もちろん、父だ。「神様の次に、パパ……。」子供の頃、僕は
よくそう言っていたな。でもいくら彼でも、何でもかんで
もできるわけじゃなかった。鍵盤楽器（僕は姉のナンネル
から多くを学んだ）、ヴァイオリン、作曲……。僕はこれら
を、父から、そして他のザルツブルクの音楽家たちから習っ
た（何人かはそう悪くなかった）。ロンドンでは、「イギリス
のバッハ」がいた……。でも彼からは、音楽を聴いて、楽譜
を見て、そして言葉を交わす中で学んだことが多い。バッハ
はレッスンめいたことは授けていなかったし、僕は僕でわず
か8歳だったからね。歌に関しては、カストラート〔変声期をな
くすため去勢されたソプラノ男性歌手〕のマンツォーリに学んだよ。あ
とになって、ミラノで上演した《アスカニオ》を彼が歌いに
来てくれたときは嬉しかった。しかし愚かなことに、老いぼ
れた彼は報酬の受け取りを拒否したんだ、額が十分じゃない
からという理由でね！

　僕が学んだことの多くは音楽からで、人からじゃないね。

室内楽やオーケストラでの演奏経験、それからオペラ……老ハッセやグルックの作品からでさえね。僕は、なにが歌手たちに適しているか、どんな作品がそれぞれのオーケストラや劇場にふさわしいかを判断することができる。そして、なにがふさわしくないかもね！　グルック？　美しいときもあるんだが、ときとして雑だな。一度も会ったことのない作曲家からも学んだ。もし、その後彼らに会うことがあったら、彼らの音楽をすべて弾いて聴かせてあげられただろうね……。うっかりすると、さらにいい具合に編曲してね！

—— あなたは暗譜で演奏されますか？

僕は記憶力がいいんだ！　でも、楽譜で弾くこともできる。第一ヴァイオリン、第二ヴァイオリン、ヴィオラ、チェロ……床の上にパート譜を並べて、一度に眺めながら頭のなかで鳴らすんだ。これが僕の学び方さ。そうすればパパ・ハイドンの四重奏曲もあっというま。すでに天国にいる作曲家たちからは、彼らの音楽を聴いて、楽譜を読むことで学べて

モーツァルトとコーヒータイム　63

いるよ。

── あなたは、システィーナ礼拝堂の外では演奏が許され
ていないアレグリの《ミゼレーレ》を、耳で聴いただけでゼ
ロから書き起こしたと言われていますね。

そうだね。でもあれはとても単純な作品だよ。僕には何の勉
強にもならなかったな。

── では、亡くなっている作曲家のなかでは誰から学びま
したか？

ヘンデルと大バッハのほぼすべての作品、毎日曜の午後にス
ヴィーテン邸で開かれていた演奏会でね。あの気取った変わ
り者は、このままでは音楽が無駄になってしまうと思った
んだろうな。彼は、バッハ兄弟の兄たちのほうを好んでた
ね、ロンドンにいる僕の友達ではなく。僕は、彼らの古い音
楽はただ楽しむだけのものだろうと思い、鼻であしらうつも

りだったんだが、実際の音楽を知ったら持っていかれたね！
僕は本当に多くを学んだ──特にバッハからね。僕が心か
ら脱帽する音楽家……自分が彼より優れているとは思わない
ね！　僕の最良の作品のうちに、僕が彼に学んだすべてを聴
くことができるはずだ。フーガだけじゃない、そこかしこに
ね。君に聴く耳があれば、の話だけど。

── あなたは自分の弟子たちにそれらのレッスンを授けま
すか？

ある者は学べるが、ある者は永遠に無理だ……。伴侶を探す
手段として音楽を習うような若いレディたちもいるからね。
彼女たちは、結婚した途端に音楽を諦めるのさ。パリに住ん
でいるフルート吹きド・ギーヌ公の令嬢は、ハープを上手に
弾くが、作曲となると疑問符だな。彼女は自分の音楽を僕に
書いてほしいと頼んできた。それで僕は、報酬を受け取る前
に苦情を言わなきゃならなかったよ。

―― では、作曲の弟子たちはどうですか？　彼らにはどの
ように教えるのですか？

作曲と演奏は一体のものだ。ちっちゃなフンメル、彼は僕が
子供のときに持っていたものを持っている ――模倣の技と、
優れた記憶力をね。彼はいい仕事をすると思うよ。あのイギ
リスの若者――トーマス・アトウッドも、うまくやれるだろ
う。彼はイタリアに行ったが、その後も僕は基礎を教えな
きゃならなかった。君は彼を知ってる？　うん、少し英語で
話せたのもよかったな。それにしても君はドイツ語が上手で
嬉しいよ。僕は英語での会話にうまくついていけるかわから
ないからね、体調が少しよくなってきたとしても……。そう
だ、アトウッドの話をしていたんだったね。彼は時々とんで
もない間違いをするものだから、「君はうすのろです」と書
いてやったんだ。彼に会ったら、そいつを見せてくれと言っ
てみたらいい……。いや、きっと言わないほうがいいな。彼
はどこかに出かけるんだというふうにして家に帰っていった
よ。よくあることだ。

66

フンメルは彼の父親にツアーに連れ出された。新しい神童、第二のモーツァルト、彼はそう呼ばれてる。そのことに対して文句はないね！

—— あなたは、作曲を教えることを楽しんでいますか？

金持ちだが才能のない生徒にピアノを教えるよりはいいね。もしくは、とてもうまく弾くけど醜いあのアウエルンハンマー嬢に教えるよりも、ね。バベット・プロイヤーは作曲よりもピアノに秀でている——彼女は僕の協奏曲を弾いたよ。フライシュテットラーはまあまあだが、鈍い。ジュースマイヤーは役に立つ仲間だな。でも彼の作品のいい部分は、すべて僕からのコピーだ。僕のメソード？　有益なものだよ。まずフックスの《パルナッソスへの階梯》。それから、ボローニャでマルティーニから学んだ対位法。彼は愛すべき男で、音楽の聖人だ。四声体の和声、メヌエットのような小品……適切なハーモニーと、よい対位法を支えるバス……。こんな感じだ。ひらめきが訪れるにしろやってこないにしろ、テク

ニックがなければなんの役にも立たないからね。よいアイ
ディアがあったとして、それらを広げ、テクスチュアを完結
させるためにテクニックが必要となるんだ。しかし、もし緊
急に仕上げなきゃならない作品がほかにあったら、とりあえ
ず脇に置かなきゃならなくなるけどね。

—— 書き始めた作品は、やがては完成させるのですか？

そうとは言えないと思う。僕の机の上には、書き始めたもの
の終えていない楽譜がどっさり載ってるんだ。君はきっと、
そんなにたくさんの未完曲をどうやったら仕上げられるのか
不思議に思うだろうね！　僕は、自分の満足のためだけに作
曲しているのではない。作曲するのは、それが僕の人生だか
らであって——内なる、ね——同時に、家族を養うためでも
ある。

—— それはわかります。でもなぜ、仕上げずに置いてある
曲があるのですか？

68

売れないからさ！　フーガ？　そりゃあ仕上がってるさ、それを僕が弾いたときすでにね！　僕はそのうちの1曲をナンネルに送って、あまり速く弾きすぎないようにと言っておいた。そんなふうに弾いたりしたら、対位法がぐちゃぐちゃになってしまうからね。もっともヨーゼフ2世はそれを好んだけど、そんな人間ほかに誰がいるかね？

　ソナタ？　五重奏曲？　変奏曲？　たまにソナタが売れることもあるから、そうとわかったら仕上げて、それで医者に払うわずかなお金を手にする。協奏曲でも稼ぐことはできるよ、自分のコンサートで演奏することでね。僕の一番最近の協奏曲〔ピアノ協奏曲第27番のこと〕は2年前に書き始めているんだが、今年1月のベーア〔親しい友人だったクラリネット奏者ヨーゼフ・ベーア〕の慈善演奏会のときに仕上げたんだ。それまでは演奏のチャンスがなかったからね。シュタードラー〔アントン・シュタードラー〕のクラリネット協奏曲もそうだ。ああ、これも書き始めたのは2年くらい前だったな。稼ぎにならないものを仕上げて時間を費やすなんて、無駄なことだ。

　自分自身のためにとっておきたい作品もある、たとえば

モーツァルトとコーヒータイム　　69

フィガロのアリア……ベヌッチ〔フィガロ役を歌ったバリトン歌手〕の
〈もう飛ぶまいぞ、この蝶々 *Non piu andrai, farfallone amoroso*〉
による変奏曲のようなね。僕はこれらをよく演奏しているけ
れど、たぶん書き残すことはないだろうね！　だってもしそ
れを楽譜にして売り物にしてしまったら、二度と誰も僕に演
奏を頼まなくなるだろう？　というわけで、僕は弾く、する
とみんなは、僕にドゥカート硬貨とかアクセサリーなんかを
投げてよこす——たとえば金時計だとかね。あの種の連中が
やる典型的な行為だよ。僕が必要なのは現金だってことなん
かわかっちゃいないんだ……。僕たちはずっと小さな頃から、
こういった類のどうでもいい贈り物を受け続けてきた。父は
よく、それで店が開けると言っていたものさ。

—— もしあなたが未完作の断片をそのままあとに残したと
したら、誰かがそれを完成させるかもしれないと思います
か？

なぜ？　彼らは自分自身のアイディアを持っていないのか

い？　もちろん、僕らはみなほかの誰かのアイディアを使っ
たりするけど、それは主題だけで、書きかけの作品などでは
ないよね。

── 誰かほかの人のアイディアを盗んだことはおありです
か？

盗むだって！　使っただけさ、盗んだんじゃない。いくつか
の主題や、取り合わせとかをね。ロンドンのバッハのアイ
ディアは使ったことがある──ヘンデルのも、それからクレ
メンティのソナタの主題は《魔笛》の序曲にぴったりだった。
あれは、プラハから戻って急いで書かなければならなかった
のでね。クレメンティはあの主題の可能性をわかってなかっ
た。僕はあれをちょっとしたフーガにしたんだ──聴衆が把
握できる範囲のね……。

── それは剽窃だという人もいそうですが……。

モーツァルトとコーヒータイム　　71

無論それは違うね。型を使ってるだけだ、作曲家なら誰しも
やることさ。ときには作品全体を使うことがある——模倣す
ることは、勉強のひとつの方法なんだ。ずっと昔、僕はハイ
ドンの四重奏曲でそれをやったよ……。ぼくはまだすごく若
くて、彼のほうが上手だった！　逆の方法も学んだよ。気に
入っていたバッハの素材を可能な限り難しくして、アロイジ
アのためにアリアを書いたんだ。〈どこから来たか私は知ら
ない、あの優しい愛慕の思いが *Non so d'onde viene quell tenero*
afetto〉、君も知ってるね？　これは、バッハへの僕の愛のし
るしだ……。

　確かに、"盗む"人たちもいる。パリでは、グルックがトラ
ブルに巻き込まれたと聞いたよ。彼が他の誰かのアリアを
使ったのか、誰かが彼のを失敬したのだったかは忘れてし
まったけれどね。しかし、アリアで何をやったかなんてすぐ
忘れてしまうよね。歌手たちはそれを自分の声に合わせた
バージョンにして、荷物に入れて持って行ってしまうだろ
う？　でも、声やオペラに合わせたアリアを新しく書くほう
がいいね。アロイジアや、僕の《コジ・ファン・トゥッテ》

でドラベッラを歌った素晴らしいルイーザ・ヴィルヌーヴにもそうしたよ。

　僕は、自分の知らないところで何が起きているかなんてことを考えるのは嫌いなんだ。もし、フランクフルトとマンハイムで《ドン・ジョヴァンニ》が勝手にドイツ語で上演されるのを聴いたとしよう、しかもレチタティーヴォ〔歌唱様式の一種で、話すように歌う叙述的な独唱のこと〕もなしで。そんなの到底認められないね！

──あなたは著作権を主張したいですか？

それはできないね。みんな僕を笑うだろうさ。でも僕は、自分の音楽はずっと自分のものだと思っている。だから、もし状況が許すならやぶさかじゃない、いつかどこかの劇場が僕の新しいオペラをやるときに使用料を僕にたずねて、そして支払ってくれるだろうね！

モーツァルトとコーヒータイム　　73

ザルツブルク時代

THE SALZBURG YEARS

　モーツァルトは人生の多くをザルツブルクで過ごしている。ここは独立した小さな町で、ハプスブルク帝国と密な従属関係にあったが、厳密な意味ではオーストリアには属していなかった。事実、モーツァルトと父レオポルトは、"ドイツの音楽家"と名乗っていた。ザルツブルクの大司教はしっかりした楽団（カペル）を持っていて、所属する音楽家たちは大聖堂でのミサに華を添えたり、統治者やその側近、客人たちをもてなしたりする機能を果たしていた。彼らは町の文化的生活に貢献し、音楽は内向きのエンターテインメントのひとつだった。モーツァルトはザルツブルクではあまり仕事ができなかったという従来の認識は、ザルツブルク時代における彼の高い生産性から言って、信頼性の薄いものである。

―― 話を戻してもよろしいでしょうか？　あなたの生まれた町です。ザルツブルクのような小さい田舎町が、どうしてあなたのような輝かしい音楽家を生み育むことができたのでしょう？

君は"神童モーツァルト"について知っているよね。神童だったってことは、あとあと面倒をもたらしてくれたよ。パリの人々は、もう22歳になっていた僕のことを、いまだにキャリアを始めたばかりの7歳の子供のままだと思っていたんだから……。でも僕は、れっきとした大人だ！　妻子だっている。あの頃の人々の熱狂を克服できないとしたら、僕の家族は一体どうなってしまうんだ？……。申し訳ない、話が飛んでしまったね。何についてお尋ねだったかな？

―― ザルツブルク、あなたが生を享けてキャリアを歩み始めた町の話です。

ザルツブルクは、我が故郷だ。母がいた――僕たちと旅をす

モーツァルトとコーヒータイム　　75

ることはあまりなかったが。それから姉のナンネル、父、そして犬。でも子供時代の僕は、ウィーン、パリ、ロンドン、そしてイタリアと、旅ばかりしていたからね。3年にわたる旅を終えて初めて帰ってきたとき、ザルツブルクの人たちは僕のことを誇ってくれた。そんな環境で、ナンネルと僕はませた"小さな大人"に育っていったのさ——あれは彼女が15くらいのときかな？　そして僕は10歳だ。しかしその後、僕は特別な存在ではなくなっていった。結局、僕はあそこで地位を確立することはできなかったんだ。ザルツブルクは音楽にあふれていたが、そのすべてが上質なわけじゃなかった——オペラも足りない！　教会のための仕事ばかり！

—— しかし、教会はあなたの雇い主ではなかったのですか？

そう、でもそれなりの報酬を払ってはくれなかった。それにミサでは、いつもいつも同じ言葉の繰り返しだ……。ルーティン作業になってしまうよ。それに音楽家たちはいい加減

だ——アンサンブルは貧弱だし、音を外してばかりいた。彼らは自分の役割を果たすためにやってきて、酒を飲むためにすーっといなくなった。ときには飲むほうが優先されてるんだからね……。僕たちにとっては、冬季の演奏会や、夏の大学のためのセレナーデのほうが楽しかった。そこでは新しいアイディアを試すことができたし、演奏家たちも教会音楽家たちより上手かった。戸外で遊ぶこともあったな。僕たちが嫌いな奴らに似せて作った人形を的にして撃ったりしてね。そんな他愛もないことも、物事がうまくいかなかったり仕事が冴えなかったりしたときには慰めになってくれたよ。

—— ザルツブルクでは、教会以外では誰のもとで働いていたのですか?

貴族だよ。とてもいい人たちだった。たとえばハフナー家。彼らには、ある結婚式のために大規模なセレナーデを書いたのを覚えている。何年かあと、父に言われてそれを交響曲にしたんだ。僕はウィーンでとても忙しくしていて、そのうえ

モーツァルトとコーヒータイム　　77

背中まで痛めながら期限内に書き終えたものだ。なのに大した謝礼はもらえなかった……。そうだ、金持ちの話だった。彼らのなかには演奏ができるのがいる。ロドロン伯爵夫人、僕は彼女とその2人の令嬢のために協奏曲を書いた──3台のクラヴィーアのためのね！　でもそのうちの1人は、ぜんぜん演奏ができなかったんだ。作曲家ってものは、その種の人々を満足させなきゃならないのさ。

── ザルツブルクの音楽家たちは、そんなによくなかったのですか？

まあ、全員ダメというわけではない、と言わないとフェアじゃないな。まず、父がいたし！　常に真面目で、いつも働いてばかりいたね。彼はカペルマイスターになるべきだったよ。それから、ハイドン──パパ・ハイドンではなく、弟のミヒャエルのほうだ。彼は今もザルツブルクに住んでいて、去りたくはないようだね。彼はちょっと酒が過ぎるな。でもいい作曲家だよ。彼の教会音楽にはとても感心しているんだ、

それから交響楽にも。そのうちひとつを、僕はウィーンで演奏したよ、改良を加えながらね……。

　老シャハトナー、彼は宮廷トランペット奏者でヴァイオリニストでもある。小さい頃は、よく彼のトランペットに脅かされたものだったよ。僕の父にいたずらを仕掛けたこともあった。彼は僕をすぐ隣に座らせてヴァイオリンを弾いていたんだが、突然演奏をやめて、そのあとを僕に続けさせたんだ。そのときまで、父は僕がヴァイオリンを弾けないと思っていたんだよ。シャハトナーは、僕の未完のオペラのためにテキストも書いてくれた。《後宮》──あのウィーンオペラ〔《後宮からの誘拐》を指す〕ではなくて、《ツァイーデとゴーマッツ》と呼ぶべきもののほうだ。

　そうはいっても彼らは、ドイツの音楽家だ。イタリア人たちは──よく訓練されていたけれど父以上ではない──いつだって我々よりもギャラがよかった！　第一ヴァイオリンのブルネッティは僕の作品をなかなかうまく弾いたが、僕は彼を信頼していなかった。自分を引き立ててもらうために大公にすり寄ってたような奴さ。カストラートのチェッカレッリ

モーツァルトとコーヒータイム　　79

はまあまあだったね。もちろん彼には妻はいなかったよ……。
笑ってはいけない。だから彼にとっては、僕たちが家族の
ようなものだった。ほかにも面白い人がいたよ——フランスの
ジュナミ夫人。彼女のために、僕は最高のピアノ協奏曲を書
いた。彼女はうまく弾いてくれた。でもそのあとで、僕が
もっとうまく弾いたけどね！

—— ジュナミ夫人は、あなたのお姉さんよりも良い演奏家
だったのですか？

いやいや、そんなことはない。ナンネルは素晴らしい演奏家
だよ。僕は多くの女性音楽家を知っている——弟子たちをは
じめ、カンナビヒ嬢、プロイヤー、アウエルンハンマー……
しかしナンネルが一番だ。彼女が活動できなくなったのは
悲しいよ。ナンネルは作曲も上手だったし、歌うことだっ
て——でも、断念してしまった。父が僕のほうにだけ関心を
注いでいたことを、僕は残念に思っているんだ……。今の彼
女はといえば、たくさんの継子を抱えて、街の中心から離れ

80

た場所でみじめな生活を送っているんだ。僕たちの交流は失われてしまった。彼女がコンスタンツェをよく思っていないことを、僕は知っている。家族とか、人生にはこういうことがつきものだね！　子供の時分はすべてがバラ色に見えているけれど、それらはやがて壊れていくんだ……。

── あなた自身のことに戻りましょう。なぜ、ザルツブルクを去ろうと決心したのですか？

息が詰まりそうになってたからさ！　仕事にならなかった。ほかの町──ミュンヘンやマンハイム、ウィーンでは息をつくことができたよ。

── 誰があなたの息を詰まらせたのでしょう？

偉大なる大司教閣下だよ。コロレドさ！　前任のシュラッテンバッハはよかった──彼は僕たちを旅に出させてくれた。お金もくれたと父は言っていたよ。そのおかげで僕たちは

モーツァルトとコーヒータイム　　81

ヨーロッパ中にザルツブルクの名を知らしめることができた
んだ。

—— コロレド大司教とはなぜ仲たがいしたのですか？

彼はヴァイオリンも弾いたし、音楽を好んではいたが、深く
愛してはいなかった。教会で、もしくは食事しながらちょ
こっと聴くだけさ。ザルツブルク自体のことや、その対外的
な評判などは別にどうでもよかったんだ。彼にとっての栄光
とステータスは、ウィーンにあったのだからね。音楽家なん
て単なる使用人さ……。でも僕は、才能と精進のおかげで彼
よりも世間に知られている。彼はただ金持ちに生まれついた
だけだ。誰も彼のことなんか好きじゃないよ。あいつは、僕
を怠け者と呼んだんだ、こんなに働きまくっている僕のこと
をね。でも僕は使用人なんかじゃない！　彼にゴマをすった
りしないのは言うまでもない。

—— そしてあなたは彼のもとを離れた、と。

僕は離れたかったが、諸侯にかかわる仕事を自分から辞することは難しかった。コロレドは僕が出たがっていることを知っていて、行かせようとしなかったんだ。純然たるいじめだよ。そこで、彼に僕を解雇させるよう仕向けなければならなかった。ウィーンは僕にうってつけの町だ──。ザルツブルクには戻りたくなかった。そこで僕は、彼を侮辱するという手に出た。いろいろあって、ついに僕は、大司教の部下のアルコ伯に尻を蹴られて追い出されて、それでおしまいさ。

──復讐を考えたりしませんでしたか？

は！　もちろん考えたさ。それは寛大じゃないとわかっちゃいるけれどね。アルコというやつは主人に命令されたことだけを遂行するんだ……。でも僕は彼に、やつ自身のツケを支払わせたいと思った──一番ふさわしいと思われる場所で、よく効く蹴りを素早くお見舞いしてやろうとね。まあ、実行していたらしょっ引かれたかもしれないな、ムチ打ちの刑！あの種の尊大な野郎を侮辱したら最後、そういう憂き目にあ

モーツァルトとコーヒータイム　　*83*

うのさ。彼らはどこにでも友人がいてコネがあるから、彼ら
に嫌われるようなことはしないほうがいい。社会から抹殺
されて飢え死にするのがオチだからね。というわけで僕は
ウィーンにとどまって、そこで友人を作り、ザルツブルクに
は二度と戻らなかった。

―― 本当に？　一度も？

ああ、そう言われれば、一度帰ったな。コンスタンツェと一
緒だった。その頃、僕はもうウィーンでうまくやっていたし、
皇帝は僕を気に入っていたから。あの間抜け大司教も僕に手
を出せなかったのさ。

故郷から離れて
GETTING AWAY FROM HOME

　モーツァルトは街の住人であり、彼が耳にしていたポ
ピュラー音楽は都市型のものだった。ヨーロッパの中心的
都市——ロンドン、パリ、ウィーン、プラハ、そしてベルリ
ン——に加え、彼は音楽に対して投資を惜しまない君主のい
るドイツの小さな宮廷に魅力を感じていた。それらの君主
のうち、モーツァルトにとってとりわけ重要なのは、当時
ヨーロッパでもっとも優れたオーケストラを擁していたと
いわれるマンハイムの選帝侯カール・テオドールである。彼
は1779年、さらに大きなミュンヘンに移り、モーツァルト
のオペラのなかでももっとも贅沢にオーケストレーションさ
れた《イドメネオ》（1781年）を委嘱する。モーツァルトは、
自分の運をロンドンでもう一度試してみたいと思ったはずで
ある。1778年、パリ滞在中もそう思って行動していたものの、
うまくいかなかった。ヨーゼフ2世のもと、ウィーンで幸せ
になれるはずだったモーツァルトだが、皇帝が交代し、時代
は移り変わっていく。

—— あなたはウィーンに住んで10年になりますね。今までに、ここを去ろうと思ったことはありますか？　もしあるとしたら、どこに行きたいですか？　たとえば、子供の頃に訪れた所縁(ゆかり)のあるような町でしょうか。

パリのように？　あそこは嫌なことを思い出させる。僕の愛する母が死んだ町……なんて悲しいことだ。もしも母が、フランス人の医者に診てもらうことを了承してくれていたならね。ドイツ人の医者にこだわったから、僕はそいつを探し回って時間を無駄にし、挙句の果てにヤブ医者ときた。瀉血も間に合わなかった。パリはもうたくさんだよ。

—— お察しします。ほかだったらどこに向かいたいですか？

たぶんロンドンだろうね。良き国王ジョージ3世夫妻は音楽を愛している。そうだろう？　そういえば、ジョージ国王が病にかかったと耳にしたが——気の病だとか……。恢復し

が、そこから何も実にはならなかった。父は僕をトスカーナに連れて行こうとして、トスカーナ大公の説得を試みた。僕たちは彼からの返事を永遠に待ち続けた——もちろん、返事など来なかったさ。そしていま彼は皇帝になって〔レオポルト2世のこと〕、結局は僕を雇うことになったけどね！　でもあの頃の僕は、カペルマイスターになるには若すぎた。そしてイタリア人のマエストロはごまんといる。多すぎるよ。彼らは自分のことにだけかまけていて、ドイツ人なんかお呼びじゃないのさ。それにしても、なんとたくさんのイタリア人が国外にいることか！　パリにはピッチーニ、ロシアにはパイジェッロ、そしてここウィーンにはサリエリだ。イタリアでの僕は"ドイツ人ピアニスト"ってことになるから、そりゃあ必要とされるわけないね。

—— ではドイツはいかがですか？

マンハイムに滞在するのは好きだったよ。もしあそこで仕事が持てたなら、妹のほうではなくアロイジアと結婚しただろ

モーツァルトとコーヒータイム　　89

うね……。

—— そうしていたら事はうまく運んだと思いますか？

いいや。あのときは、コンスタンツェのことはまったく見え
ていなかったんだよ。僕が愛していたのはアロイジアの声
だった。マンハイムの選帝侯は僕を気に入っていた——御夫
人もだ。僕は彼女に作品を献呈したよ。ミュンヘンもいい
かもしれないね。あそこでは、傑作《イドメネオ》を作曲した。
あれに僕は、知る限りのものを詰め込んだし、上演もうまくいっ
た——選帝侯も喜んでくれた！　だけど、いまだに職なしだ。

—— ほかに、将来の展望がもてそうな町はありますか？

2年前に行ったベルリンは気に入ったね。子供時代に訪れた
ことはない。あの老いぼれ王〔プロイセン王フリードリヒ2世〕は危険
な男だったな、いつも戦争に明け暮れていて。それに、敬虔
なカトリック教徒だった僕の父が、プロテスタントたちと一

緒にいられるはずないからね！　僕はそんなこと何も気にし
ないが！　ベルリンから戻って、王のために四重奏曲を、王
女のためにソナタを書き始めたものの、途中で止まったまま
だ。四重奏曲のほうは、家賃を払うために書き上げて、二束
三文で売ってしまったよ。

―― 大人になってから訪問した場所としては、ほかにどこ
があるでしょう？

フランクフルトは、新しい皇帝の戴冠式のために昨年行った
ところだ。そんなに楽しくはなかった――あんなに長いコン
サートを企画してしまった僕の落ち度だな。人々は早く帰り
たがって、それはすごく体裁が悪かった。でも、プラハはま
た別だ！　あそこは、僕の王国だ、人々は僕のオペラを愛し
てくれるし、オーケストラの腕も素晴らしい。でも問題は、
たったひとつのオペラカンパニーしかないことだ――宮廷も
ないし、富裕層も少ない。僕は暮らしていけないだろうね。
それで、やっぱりウィーンに戻ることになるんだ……。

モーツァルトとコーヒータイム　　91

ウィーン、クラヴィーアの町

VIENNA, CITY OF THE CLAVIER

　勢力を広げたハプスブルク帝国の中心地だったウィーンは、近代社会の規範からすれば大きな町ではないが、1780年代には際立った文化の多様性を誇っていた。当時、新しいタイプのピアノがハープシコードの人気を引き継ぎ、モーツァルトはその最良の体現者だった。彼がウィーンに来て1年半のうちに《後宮》が上演されて賞讃を集めた。しかし、ウィーンの音楽界の中心にいることができたとはいえ、彼はお金を稼ぐために新しいものを生み続けなければならなかった。富裕層は夏になると町を離れて自分の別荘地に出かけてしまうため、モーツァルトは仕事を奪われ、レッスン教授での収入はあてにならなかった。

—— ウィーンの何があなたを惹きつけるのですか？

　ここは、クラヴィーアの町だ！　ウィーンは本当に美しいところだよ。いや、「だった」というべきか……。今、すべては変わってきてしまっている。皇帝は戦争に出かけてしまい、そして死んだ。貴族たちも半分ほど去ってしまった……。儲けるために出て行ったのかもしれないね。きっと彼らはもう、僕のような音楽は欲していないんだ。流行も変わった。なんという屈辱だろう、チケットの予約申込者を集めることができない演奏会もあった。交響曲と協奏曲は準備できていても、聴衆がいないんだ。

　若い頃は、僕は大の売れっ子だった。ウィーンの友人たちは多いよ——音楽家、劇場の人間、歌手、詩人……たとえば《後宮》や《興行主》の作家シュテファニーとか、いろんな種類の人間がいた。ダ・ポンテもイタリア人にしてはいい男だった。彼が懐かしいよ。

—— プロフェッショナルなお仲間と友人がいらっしゃいま

モーツァルトとコーヒータイム　　93

すね。上流社会の聴衆とはどのような関係を築いていたのですか？　そして音楽界以外の友人たちとは？

友人はとてもたくさんいるんだよ……。具合が悪くなっている今、僕の親愛なる医師バリザーニを呼べたらどんなにいいか。彼の一家とは、ザルツブルクで知り合った。彼は僕より若かったのに、死んでしまったんだ。——死！　我々存在する者の終着点、人間にとっての真の友だ……。おっと、君にとってはちょっと哲学的過ぎたかな。僕は父にそう言って、自分自身もそれを信じようとした。しかしそれはやはり難しいよ。

—— なるほど。コーヒーはいかがですか？　それともビールを？

ホット・ポンチにしよう。……君は何を聞きたかったのだっけ？

―― ウィーンの上流社会、でしたか。

ああ、そうだね。ハッツフェルト伯爵は親友で、いいヴァイオリニストだった。彼が亡くなったのは、僕の父が死ぬちょっと前だった……。僕は彼に素敵なソロを書いたんだよ――アウエルスペルク伯爵邸で私的に上演された《イドメネオ》で彼の義理の妹が歌ったときに、ヴァイオリンのオブリガートをつけたんだ。僕は自分の傑作オペラを再び聴くことができてすごく感激したけど――あれが、ウィーンで上演された唯一の機会だった。

　彼らみたいな連中は音楽でも稼ぐことができただろうね、でもラッキーなことに、彼らはそうやって稼ぐ必要などないんだ。ゴットフリート――フォン・ジャカン男爵――と彼の妹〔フランチェスカ〕もいい友達だった。彼女には、ヴィオラとクラリネットを使った三重奏を作曲した。僕とシュタードラーと一緒に演奏できるようにね。僕は彼らがスキットル〔ゲームの一種〕をしている間に書いたのさ。ちょっとしたものをジャカンにも――歌曲や、夜想曲のたぐい。彼はそれを自

モーツァルトとコーヒータイム　　95

分のものだと言っていたみたいだけれどね。

── そうされてもあなたは気にならないのですか？

友人なら当然のことじゃないか？　それから、僕には兄弟が
たくさんいる……たくさんね！

── フリーメイソンのことでしょうか？

そうさ！　ホフデーメル、プフベルク──真の友人で、兄弟
だ。彼らは僕にお金の都合をつけてくれる。でも、いつも僕
が頼む額よりも少ないものだから、僕は自分が本当に必要な
分にさらに上乗せした金額を言うんだ。できる限り早く返す
よ。ロッジ〔世界各地にあるフリーメイソンの拠点〕において僕たちは
対等で、みな兄弟だ。あのたわけ大司教〔コロレド〕とのあい
だで起きたことのずっとあとの話だよ。僕は、フリーメイ
ソンはイギリスから始まったと思ってるんだが、間違いないか
い？　僕は"本物のイギリス人"だよ、君にもわかるとおり

96

ね！　あんなに多くの素晴らしい人たちがフリーメイソンの
メンバーなのは驚きだよ……。ボルン（偉大な科学者かつ一
流の知識人）、貴族、聖職者もいる。カトリック教会はなぜ
僕たちを怪しむんだろうね？　ヨーゼフ2世はいつもすべて
をコントロールしたがった、劇場も、葬式さえもだ！　僕た
ちが袋に入れられて埋葬されなければならないなんて、信じ
られないよ！　さぞかしあっというまに腐り果てるのだろう
ね！　そう、ヨーゼフは何でも干渉してくる──ロッジの改
編にまで手を出したんだ。みんなは僕らが反乱か何かを企ん
でいると思ってるらしいが、ばかばかしい！　たとえばエス
テルハージ家──パパ・ハイドンが仕えていた侯爵家ではな
く、その親族だ──、彼らを反逆者と呼べるかい？　僕の葬
送曲は、彼らの誰だかが亡くなったときに使われたよ。ロッ
ジのための曲もいくつか書いた。シリアスな音楽だ……。た
だあまり優れた詩とは言えないけれどね。僕は教会のために
働いていたわけではないよ、教会の仕事は、言ってみれば気
分転換だ。厳格なスタイルで書くという点ではいい経験だっ
たね。

モーツァルトとコーヒータイム　　97

リヒノフスキー侯爵もいるな。僕は彼の馬車でプロイセンに行ったんだ。でも彼は帰らなきゃならなくて、僕から100グルデンを借りていった。僕からだよ！　彼に比べたら、僕など何も持ってないに等しいのにね！　ともあれ、彼は音楽を愛していた。彼みたいな人たちがいなかったら、僕の家族はみんな飢え死にだ。もちろん、僕も彼から借りたさ……。おぉ、あの訴訟沙汰！　彼は、僕を負債の件で告訴したんだ。そりゃあちゃんと返さなきゃいけないけど、彼からは猶予をもらえるはずだ……。おっと、僕の悩みを君に負わせちゃいけないね。

皇帝たちを楽しませる
ENTERTAINING EMPERORS

　ヨーゼフ2世は、未亡人となった彼の母親マリア・テレジアとともに、1765年からハプスブルク帝国を統治している。マリア・テレジアの没後は、1790年に49歳で死を迎えるまで一人で帝位についていた。1781年から、ヨーゼフはモーツァルトにとって筆頭のパトロンとなっており、鍵盤楽器奏者としての彼の腕前を賞讃していたが、オペラの才能に関してはさほど評価していなかった。それでも、ヨーゼフは宮廷劇場に《フィガロの結婚》と《コジ・ファン・トゥッテ》を上演するよう薦めている。ヨーゼフの治世になされた文化的な業績には目覚ましいものがあるが、彼が没する直前の1788年に進歩主義的諸改革が廃止され、失敗に終わる対トルコ戦争に乗り出してしまう。ヨーゼフの後継には、その弟レオポルト2世が即位し、モーツァルトは彼がボヘミア王を戴冠する折に《皇帝ティートの慈悲》を作曲している。

モーツァルトとコーヒータイム　　99

―― ヨーゼフ2世とは、どのようなご関係でしたか？

彼は僕を援助してくれた。子供の頃からとてもよくしてくれたよ。僕のオペラ・ブッファ《見せかけの純情娘》が上演されなかったのが彼のせいだなんて思ってない。僕の父は皇帝を責めて、ついで宮廷作曲家 ―― グルックだ ―― を非難して、最後にはイタリア人たちのせいにした。まあ、これが一番もっともらしいね！　ヨーゼフはあまりにも早く死んでしまった。彼は僕を年間800グルデンの報酬で皇室宮廷音楽家に任命したけど、僕がし得ることの対価としては少なすぎ、実際にやったことに対しては多すぎた。だって何もしなかったのだからね！　でも彼は、何も言わなかった……。戦争にかまけてたし、病気にもなってしまったからね。新しい皇帝に代わっても僕を雇い続けてくれたのは幸運だった。でもレオポルト2世はイタリアに長く住みすぎていて、室内楽なんか欲してない。必要なのは新年の舞踏会のための舞曲だけだから、僕は寝ながらそれを書けるってもんだ。

―― 舞曲は、あなたにとって音楽的に興味がわかないジャンルだったのですか？

それほどにはね。でも踊りのリズムは楽しめるね、変わった楽器を使うのも ―― たとえば橇用の鈴とか、僕の父はそういうのが好きだった ―― それから、《フィガロ》の〈もう飛ぶまいぞ *Non più andrai*〉のような、みんなが知ってるメロディを使うときもね。

―― あなたがウィーンにやってきた当初、ヨーゼフ2世のために何をされましたか？

それは、ヨーゼフが僕のために何をしてくれたか、と言うべきだな！　彼が関心を持ってくれてなかったら、僕は生き残ることができなかったよ。彼はクラヴィーア演奏を愛していて、僕は初見でなんでも弾けたからね ―― 楽譜をみながら即興することもあったけどね。彼は僕がやっていることを理解していた。でも、僕がオペラも書けるってことは長いことわ

モーツァルトとコーヒータイム　　101

かってくれなかったんだ。少年時代のイタリアでの成功なんてすべて忘れ去られていた。自分の能力を証明するのは簡単なことではなかったよ。ヨーゼフはドイツオペラを書くことを許可してくれた——あの《後宮》のことさ。上演は成功したけれど、彼が何をしたと思う？　ドイツオペラを閉鎖して、代わりにイタリアオペラのカンパニーをオープンさせたんだ！

—— それは大変なことになったのでは？

歌手たちは大騒ぎさ。ケルントナートーア劇場ではドイツオペラをやっていたから何人かはそっちに移り、ほかの歌手たちは皇帝が作った新しいイタリアオペラ座に合流した。しかしイタリア人たちはそれを歓迎しなかった——彼らはいつだって僕たちよりギャラを多くもらってるってことは、もう言ったよね？　彼らは1回か2回のシーズンをウィーンで稼いだら、どこかに消えてしまうのさ。素晴らしいのも、二流もいる、でもとにかく定着しないんだ。

── でもあなたは結局、そのイタリアオペラ座のために作品を書いたのでは？

ヨーゼフに再び礼を言うよ！　イタリア人たちは、僕がドイツ人だってことが気に食わなかった。誰も僕にいい台本を見つけてくれなかったんだ、何年ものあいだね。だから僕は、自分で《フィガロ》を選んだんだ。戯曲はもうなんども上演されていたけど、禁止されていた〔戯曲の初演は1781年の予定が3年間上演禁止され1784年に初演。オペラ初演は1786年〕──僕たちはリスクをとることになった。あれは長いし、難しい。おまけに、ヨーゼフはこの戯曲に基づく作品の上演を反対していた。政治ってやつさ！

モーツァルトとコーヒータイム　　103

政治と反逆

ON POLITICS AND REBELLION

モーツァルトの政治思想的な立ち位置について、彼自身の言動からはごくわずかしか知ることができない。彼の蔵書は散逸していてどんな本を読んでいたのか知ることはできず、また、父レオポルトを亡くした晩年の手紙は、仕事上のものや個人的なもの以外ほとんど残されていない。彼の生活は富裕層と権力者に依存していたとはいえ、社会階層間の移動に関してはリベラルな見方をし、人間の価値については階級からの独立など啓発された考えをもっていたようである。そういった思想と彼の職業上のフラストレーションは、ザルツブルクの大司教に対する反逆につながるものである。

――あなたはなぜ、ご自分を "本物のイギリス人" だとおっ
しゃったのですか？

イギリスでは、人々は自由を感じてる。そうじゃないかい？
それは重要なことだ、体制の問題ではないよ。ジョージ国
王と公園でバッタリ会うとか、そういうことだけでもなく
て――それならここでも起こりうるからね……、少なくとも
ヨーゼフに関しては。イギリス国王夫妻はナンネルと僕の
演奏を聴いて、すぐに報酬を出してくれたんだよ！　ここ
では……ロッジの壁の外では、クロイツァー硬貨1枚の値打
ちもないのにたまたま上流階級に生まれついた人々に対して、
僕は礼儀正しくしてなきゃならない。なぜなら、彼らは札束
で払ってくれるからさ。イギリスだって同じことだろうが、
あそこでは中流階級の人々は芸術家をちゃんとリスペクトし
てくれる。僕たちは使用人じゃないからね！　僕の父はイギ
リスに住むことも考えたけど、自分の宗教を捨てることがで
きなかったんだ。僕はそんなことは気にしない、今までのよ
うな教会音楽を書く機会がなくなるとしてもね。

モーツァルトとコーヒータイム　　105

—— では、政治理論はあなたにとってそれほど重要ではない？

もちろん、政治のことは考えているさ。でも僕にとっては、自分が望むように仕事ができるかってことが重要だ。ウィーンではそれが可能だと思うし、きっとほかの場所でも……。たとえばベルリンとかね。

—— フランス革命についてはどう思っていらっしゃいますか？

革命だって？　群集によってバスティーユにいた囚人が山ほど解放されたという話だけど、実際にはほんのわずかだったというじゃないか。あれは、ウィーンで《フィガロ》が再演された頃——ほかにもいろんな活動をしていた2年前のことだ。革命とは何なんだ？　君たちイギリス人はずっと前に国王を殺したが、すぐにほかのやつが王座に就いたじゃないか——フランスにだって、まだ国王がいる。フランス人たち

は間違いを起こさないとでも？　あのフランスの王妃には、もちろん会ったことがあるよ、子供のときにね——マリア・アントニア王太子妃〔ルイ16世の王妃マリー・アントワネット〕——僕は彼女に、大きくなったら結婚してあげると約束したんだ！そんなこと永遠に許されないなんて知らなかったからね。僕はそのとき……。え、6歳だったって？　なにも不都合はないね、もっとも彼女はあとになってパリで困っていた僕を助けてはくれなかったけれど。フランスの国王には音楽を聴く耳がない。オルガニストとしてヴェルサイユ宮に行く可能性があったけど、もし実現していたら生きながら葬られるようなものだったろうね。僕は劇場のほうが好きだね。そしてウィーンでは、劇場と教会の両方で仕事ができる。

—— 政治や諸外国に対するあなたの姿勢は、音楽と後援者に立脚しているといってもよろしいでしょうか？

結構だよ。僕は革命を望んではいない。貴族や教会、そして爵位を正当な手段で買った人々に雇われる身だからね。僕は

ユダヤ人たちの援助も受けているよ ── 彼らの多くはカトリックに改宗している、ダ・ポンテのようにね。フリーメイソン仲間のゴルトハーンは、僕にお金を貸してくれた。それからヴェッツラー男爵、僕のかわいそうな長男ライムントには彼の名前をもらった〔生まれて2ヶ月後に死亡した〕。ヨーゼフ2世は彼らを気に入っていたよ。ユダヤ人か、非ユダヤ人か ──自身が望むことのために働いてくれさえすれば、そんなことはどうでもいいんだ。

　もちろん、《フィガロ》では政治的な場面はカットした ──フィガロが伯爵に「生まれるという苦労だけで得た地位」というところとかね。いずれにしても劇中の話さ、僕は好きだね。

── では、ヨーゼフ2世がいたときのウィーンには政治的自由はあったのですか？

今よりもあっただろうね。そう、あのサリエリのオペラ《アクスル》は圧政者が失脚する話だ。あんな音楽にもかかわら

ずうまくいったな……。

―― その種の話はあなたを笑顔にしますね、モーツァルト
さん……。

そう、そう――まったくの凡作だよ、恐ろしいこった。でも大衆はあれを気に入った、いつものことさ！　親愛なる
ウィーン人たち……。

多様性と斬新性：モーツァルトの器楽音楽

VARIETY AND NOVELTY: MOZART'S INSTRUMENTAL MUSIC

　モーツァルトの素晴らしいソナタ、室内楽、セレナーデ、協奏曲、そして交響曲の創作数は、後世の基準からすると各段に多い。ザルツブルクの閉ざされた世界から逃げ出し、ウィーンで独立した芸術家となったモーツァルトは、新曲の絶え間ない創作に精力を傾けながら、もっとも収入になる活動として演奏会を開催していた。ピアノ協奏曲シリーズのプログラムでは、冒頭に人々が親しみやすい作品が置かれたが、耳の肥えた聴衆を完全に満足させることも忘れなかった。モーツァルトとオーケストラ奏者の関係性は成熟していき、管楽器パートのレベルアップ、楽章規模の長大化、形式の多様性などをもたらすこととなった。

―― なぜそんなに多くの器楽曲を書かれるのですか？

多いかな？　ほかの作曲家を見てごらんよ。パパ・ハイドン
は僕よりずっと多くの交響曲、四重奏曲、ソナタを書いてい
るよ。ボッケリーニやヴァンハルは言うまでもない。でも多
すぎる、そして全部似すぎてる！　僕は器楽のために書くの
が好きで、それはいつも僕の一部になっている。でも、売れ
るものを書かなくちゃ。ピアノ四重奏曲は売れない、だか
ら三重奏曲を書くのさ。

―― あなた自身の演奏会についてお聞きしてもよろしいです
か？　プログラムはどのように構成するのでしょう。

まず、オープニングに交響曲を。でもフィナーレは締めくく
りに演奏する。真ん中には僕の協奏曲――新曲もしくは、少
なくともその町では初演となる曲なら最高だ。それからアリ
アをいくつか。慈善コンサートのために弾くのだったら、誰
が歌ってくれるのかにもよるね。それと即興、これはいろい

モーツァルトとコーヒータイム　　111

ろ。大衆ってのは、耳馴染みがよくて、かつ目新しいような音楽を求める。だから新しく曲を書くけど、既存の曲から離れすぎない程度のものでなきゃならない。

—— いい演奏会とは、どういうものだと思われますか？

音楽には目新しさがなければならない、だがあまり斬新すぎるスタイルにしてはだめだ……。新しいものと、聴衆に期待されているもののミックスがいいね。僕はパリで、オープニングにフィナーレを、しかも静かに始めるといういたずらをしたことがあるんだ。「シーッ！」という声が聴こえて ——それから、バーン！　全オーケストラが鳴りまくったら、お客は拍手喝采、「ブラボー！」の嵐だ。彼らは、期待していた偉大なトゥッティ〔すべての演奏者による同時演奏〕を手に入れたってわけだ ——いつもとは違うふうに、ちょっと遅れたタイミングでね。

—— 演奏中に？

そうさ、いけないかい？　成功だったのだからいいじゃない
か。でも僕は心底それを楽しむことができなかった、母が死
んでしまったから……。

—— お気の毒です……。ほかの話題に移りましょうか。先
ほど、あなたの音楽は聴衆には難しかったのでは、と申し上
げました。

正直に言えば、時々はね。彼らに興味を持ってもらうために、
すごく努力したものだ。僕は、席に座ってぺちゃくちゃお
しゃべりしているような輩が好きじゃない。お客に驚いても
らうためには——彼らが喜ぶようなやり方でだ——、ちゃん
とこちらに注意を向けていてくれないとね。僕のクラヴィー
ア協奏曲を例にとろう。僕は新しいアイディアを試す——異
なる形式、編成の大きなオーケストラ、オーケストラが直前
に鳴らしたばかりの調とは違う調でピアノを弾き始める、な
どのね。それから、素晴らしいハーモニー。僕のヘ長調の協
奏曲にはフーガがあるけど——フーガっていうのは、あまり

モーツァルトとコーヒータイム　　113

長くないほうがいい。さもないと、「お勉強的だ」「学術的に
聴こえる」などと思われてしまうからね。そんなのナンセ
ンスな話だが……とにかくフーガはおもしろい、それに僕の
ほかのアイディアともフィットするんだ。おそらく、ハ短
調の協奏曲はウィーン人たちには心地よくなかったんだろ
う——《ドン・ジョヴァンニ》もしかり。プラハの人々のほ
うが、新しいものへの期待があるね。しかしなぜウィーンで
はだめなんだろう？　ウィーンの人々だって必ずそうなれる
のに……。僕が生きているあいだにそのときがくることを祈
るよ……。

—— 本当に！　あなたのお父様についてはいかがですか、
あなたの書く難しい音楽を理解していらっしゃいましたか？

父は前世代の人間だけど、衰えてはいなかったよ。彼はナン
ネルに、僕のハ長調のクラヴィーア協奏曲に間違いがあると
言ったそうだが、僕は自分で楽譜を見直してみて、間違いな
どひとつもなかった。きっと、あの長くてゆっくりな不協和

音を——とても美しい——ザルツブルクの老いぼれたちが下手くそに弾いて、それで間違ったように聴こえたんだろうさ。僕はその場にいなかったから何とも言えないけどね。ともかく、ウィーンではきれいに鳴ったのだからね！　でも父は、同じ年に書いたニ短調の協奏曲のほうが好みだった。もちろん、僕が弾いたのを彼は聴いているよ、ペダル台がついたあの巨大なクラヴィーアでの演奏をね。父はザルツブルクで、あの若造のマルシャンを聴いている。彼はいいピアニストだ、ヴァイオリンも弾くが、わがままな少年だね。父は、自分の能力を保持するためにいつも最大限の努力をしていたよ。嵐のような突進力と、もがくほどの努力とを両手に持っていたんだろうな。まるで僕のニ短調の協奏曲の冒頭、シンコペーションで「ドゥン・ダー・ダー・ダー……」そして低音が「ブルルン」とくるようにね。ところがハ長調に対してはどうだ？　父が僕の緩徐楽章を理解できないなんておかしいよ……。あの楽章は今でも耳から離れない。とても美しいんだ、オペラでの嘆きの場面のようにね……。そしてなぐさめがやってくる……。

モーツァルトとコーヒータイム　　115

オペラにかかわる人々
OPERA PEOPLE

　1782年から1790年にかけて、モーツァルトは《後宮からの誘拐》《フィガロの結婚》《ドン・ジョヴァンニ》、そして《コジ・ファン・トゥッテ》を書いている。これらにみられる豊かな着想、独創的なアンサンブル、長いフィナーレ、そして壮麗なオーケストラの響きは、難しさを象徴的に語っている。《ドン・ジョヴァンニ》について、ヨーゼフ2世が「ウィーン人には噛み切れないかたい肉だ」と言ったことは、ダ・ポンテによって伝えられている。「彼らに噛ませておけ」と、モーツァルトは言い返した。長い目で見れば、彼は正しかった。彼と同時代に創作された、音楽的だがどちらかと言えば単純なオペラの数々は、現代までに忘れられてしまっているからだ。大衆はモーツァルトを消化し、それ以来ずっと、彼の機知、情念、鋭い性格描写、絶妙なタイミングなどに育てられてきたのである。

——　私は、ウィーンの人々はあなたの美しいオペラを過小評価しているのではと感じています。それについてはどう思われますか？　オペラを書くとき、どのようにアプローチするのですか？

仕事だからね。どんなものにもこのようなことはあるよ。

——　あなたはご自身のオペラを、純粋な音楽作品と考えていらっしゃいますか？　それとも、人生や愛や政治、ときには道徳について教えてくれるようなものと？

僕はオペラをそんなふうに考えたことはないね——そういう意味合いは、台本の言葉のなかにある。とはいえ、それらの言葉は僕の音楽に属するものだ、もちろんね。僕はグルックがやったようなことはしない——あるオペラの断片をとって違う言葉をくっつけ、他のオペラのなかに突っ込むなんてことはね！

モーツァルトとコーヒータイム　　117

—— 言葉は音楽よりも重要なものですか？

違う！　1000回尋ねられてもノーだね。詩は、音楽に仕え
なければならない。詩人は自分自身のアイディアにこだわり
すぎないほうがいいんだ。聴衆はアリア、二重唱、四重唱を
求めてる——今では《ティート》のようなオペラ・セリアの
なかでだって、ドイツオペラでもオペラ・ブッファでもそう
だ。フィナーレもね！《魔笛》のフィナーレは、《フィガロ》
のと同じくらい長い。そして場面の転換とともにさらに複雑
になっている。だから、音楽自体がちゃんと監督していなけ
りゃゴチャゴチャになってしまう！

　もちろん、詩人は自分がその担当だと思ってる——全体
の構想を練って、役者たちにあれこれ指示をしてね——で
も、いつうまくいかなくなるか僕にはわかる。《イドメネオ》
のとき、僕はミュンヘンから父に手紙を書き続け、彼からザ
ルツブルクの台本作者に伝えてもらった——あのうぬぼれ司
祭のヴァレスコにね。僕は、彼の冗長な言葉がすべて印刷さ
れることを約束しなきゃならなかった。でも舞台では絶対に

うまくいかない。それで僕は、やつの台本を切って、切って、切りまくった！　だって誰もが素晴らしい役者ばかりというわけじゃないんだからね、わかるだろう？　僕の年長の友人ラーフ〔アントン・ラーフ〕——すでに66歳だった！——は《イドメネオ》でまるで板みたいに固まりまくっていた、最終的にはなんとかかんとか歌えたけれどね。でもあの若者——僕のお気に入りのカストラート、ダル・プラート——彼には手取り足取り教えなきゃならなかった、まるで子供だ！　僕でさえもっとうまく演じられたと思うよ……。

　重要なのは、演劇だ。言葉と音楽は、エンディングに導く手段なんだ。僕は小さい頃から演劇というものを知っている。ウィーンとイタリアで、自分で書くようになる前からオペラを観ている。子供だったときは、詩に関してはあまりたくさんのことができなかったよ。すべてが悪くはなかったのは幸運だがね！　でも、僕の最大のオペラ・セリア《イドメネオ》ではすでに、僕のほうが作者のヴァレスコよりも劇作ってものを知ってる。そう、父よりもだ——彼は僕にいろいろ口を出そうとしたけど、「もう、たくさんだ！」父もよく言って

モーツァルトとコーヒータイム　　119

いた言葉だ。僕のためを思ってのことだったが……。でも僕には僕のやり方がある。

——　あなたと組んだ台本作者のロレンツォ・ダ・ポンテはどうでしたか？

あれは不死鳥——劇場のために生まれついた、本物の詩人だね！　不思議なことに、彼はウィーンに来るまで何も書いていなかったのに、皇帝は彼を宮廷劇場付詩人に登用したんだよ。

——　彼はほかの作曲家にも台本を提供していますね。あなたは気になりませんでしたか？

ならないね、なぜ気にしなくてはいけないんだ？　彼だってお金が必要だ。彼はマルティーニ、サリエリ、リギーニ、ストレースに書いているね——。そういえば、シェイクスピアの《間違いの喜劇》はいいね。僕は今それを考えているんだ

120

よ、間違いなくオペラ・ブッファの代表作になるだろう！
ここウィーンでは、彼がマルティーニと組んだ《椿事》が僕
の《フィガロ》を日陰に追いやってしまった——でもプラハ
では違った！　マルティーニの音楽は気軽に鑑賞できるタイ
プのもの。僕は、もっと野心家なんだ。それを後悔してはい
ないよ。彼やサリエリが《ドン・ジョヴァンニ》を書くこと
は、絶対にないだろうからね。

——《コジ・ファン・トゥッテ》は？

《恋人たちの学校》だね？　あれはもともと僕のじゃない。
知ってのとおり、台本はサリエリのために書かれたものだ、
でも彼は降りた。もしかしたら自分の抱えてる仕事が多すぎ
ると思ったのかも。彼は僕の半分も書いていないのにね！
台本が僕のほうに回ってきたとき、ダ・ポンテはかなりの変
更を行なった、僕がこだわったからね。サリエリは別に気に
してなかったと思うよ。

モーツァルトとコーヒータイム　　121

―― プラハの歌手たちはいかがでしたか？

《フィガロ》と《ドン・ジョヴァンニ》に関しては十分よかった――ウィーンほどスマートではなかったがね。《ティート》では古臭かったな、でもまあまあ許せる。僕は主人公のセストとその友人アンニオにテノールをあてたかったんだが、《ティート》はオペラ・セリアだからカストラートを使わなきゃならなかった……。友人役のほうは、女の子がズボンを履いて演じたのさ！　皇帝御夫妻は何年もフィレンツェにいて、すっかりイタリア好みになっていた。カストラート！僕は素晴らしい歌い手を何人か知ってる。ラウッツィーニが歌ったカンタータ――何ていったかな？　ああ、《エクスルターテ・ユビラーテ（踊れ、喜べ、幸いな魂よ）》だ。いま彼はイギリスにいるよ――もしかして君、知ってる？　そう、まったくいいやつだ。それからベディーニ――《ティート》でセストを歌った――ちょっと太ってるが、いい歌い手だ。アリア〈私は行きます、でも愛しいあなたよ *Parto, parto*〉で、シュタードラーのために書いたクラリネットソロともうまく

からんでくれたよ——堂々と始まって、だんだん速さを増し、
セクションごとに輝かしくなる。彼は言葉では「もう行く、
もう行く」と言ってるのに、まだそこにいて歌ってるんだ！
もしオペラ・ブッファだったら、あれはちょっと笑えるね。

モーツァルトとコーヒータイム　　123

道徳観と趣意：モーツァルトのオペラ
MORALITY AND MEANING: MOZART'S OPERAS

　作曲されてから200年を経て、モーツァルトのオペラは哲学的な議論、文学的な解釈論議などを生み、今も続いている。《後宮》はキリスト教徒とイスラム帝国の敵対を反映し、《ドン・ジョヴァンニ》はカトリックの体制を暗示している。《フィガロ》は部分的に、ボーマルシェの原作が示唆している政治的な読み解きを招く。《魔笛》はフリーメイソンの理想を反映していると言われているが、《賢者の石》が例示するように童話のエッセンスも内包している〔《魔笛》には、《賢者の石》と同じ素材（ヴィーラントの童話集のなかの〈ルル、またの名、魔笛〉）が使われている〕。モーツァルトも参加して1790年に初演された《賢者の石》と《魔笛》には、魅惑的な構成、善と悪の対立、シリアスとコミカルなキャラクター、劇的な舞台背景など共通する要素があり、また（特に《魔笛》において）民俗的なものからアカデミックなものまであらゆるタイプの音楽が詰まっている。

── なぜ《フィガロ》を作曲されたのですか？

そうだね、あれは楽しくて、感動的だ。ほかの多くのオペラ
とは違って、人間が写実的に描かれてもいる。あの戯曲には、
父はうんざりしていたな。確かに長くはあるが、いい作品だ
よ。もちろん、上演禁止になった──フランス国王と、その
妃で皇帝の妹でもあるマリー・アントワネットを怒らせたか
らね。それが政治だっていうならお粗末な話だ！　政治の話
を音楽にはめてしまうと、無味乾燥なレチタティーヴォが
延々と続くことになったりして面白くなくなる危険がある。
そういうものなら、僕はほかの仕事をしながら片手間に書け
る──なんなら眠っててもね──でもちょっとやめて考える
理由もないものだから指が痛くなってしまう！　そんなのは
ごめんだから、僕たちは政治的な部分は除外することにした。
それで、フィガロを嫉妬深さの権化みたいにしたのさ。フィ
ガロはスザンナが伯爵とくっついて、自分を裏切ると思って
いる。その考えにとりつかれて、音楽もぐるぐると回ってる。
これは原作から引き継いだ箇所だ。言葉で言っただけでは半

モーツァルトとコーヒータイム　　125

分の効果もないが、アリアにすれば、言葉をなんども繰り返すことができる——彼はスザンナに魅せられているが、彼女は今やとげで覆われた薔薇だ。彼の頭のなかでは〈これ以上はもう言うまい、誰もが知っていることだ *il resto nol dico, già ognuno lo sà...*〉が鳴り続ける、目が回ってふらふらになるまで……そしてホルンが鳴る、「タランタ、タランタ、タランタ」……寝取られ男のホルンだ。

—— なるほど、ありがとうございます！　作曲家ご本人にお話しいただけたのですから、ベヌッチに聞くまでもないですね！　なぜ《フィガロ》を書かれたのか、という質問に戻ってもよろしいでしょうか。

僕はただ、オペラ・ブッファを書きたくてたまらなかったんだ。ベヌッチ、ストレース、マンディーニ——あの歌手たちのために作曲したかったんだよ。僕は台本を山ほど読んだが、ひとつもよくなかった。2つばかり間違ったスタートをしたところで、パイジェッロが作曲した《セビリャの理髪師》が

やってきた——彼らはそれをサンクト・ペテルスブルクから手に入れたんだ〔同地でパイジェッロが完成させたオペラ《セビリャの理髪師》は、ヨーロッパ中で人気を博した〕。《フィガロ》は、ボーマルシェの戯曲連作ではその次に来るものだから、やるべきことははっきりしていた。《セビリャの理髪師》と同じキャラクターだしね！歌手たちはそれぞれ役を選んだ——ストレースは、ほぼすべてのシーンに登場するスザンナ。ベヌッチはスターだったから、フィガロを演るには最適だ。ほかにブッサーニという歌手を考えることもできたが、彼は悲惨だった——《セビリャの理髪師》でフィガロを歌ったんだが、なんとステージマネージャーも兼任していたんだ！　彼がすべてをめちゃくちゃにするのではないかって、僕たちは心底恐れたものさ。でも、それが劇場ってものだ。作家と作曲家は、そういうやっかいな連中に奉仕しなくちゃならないんだ——僕たちより多くギャラをとる彼らにね——さもなきゃ、彼らはイタリアに帰ってしまう。そうなったら、さらに事態を悪くする。とにかくいいオペラを作ること、それが第一だ。

モーツァルトとコーヒータイム　　127

── しかし《フィガロ》は扇動的ではないですか？　伯爵は、自分の権利を行使してスザンナをものにしようとします、初夜権を廃止したにもかかわらず……。

そうかな？　彼は伯爵で、卑劣なやつ──なにか珍しいことでも？　オペラ・ブッファはその種の輩（やから）であふれているよ。《椿事》にすらね。ああ、あのアリア、〈わしがため息をついているのに　召使が幸せなのを眺めていられようか *Vedrò, menti'io sospiro, felice un servo mio?*〉──とんだ猫かぶりさ！　彼は怒っているが、実は怒る理由など何もない。フィガロがやっているすべてのことは、自分が結婚するためなんだから。でも僕は、伯爵の怒りを音楽に入れ込んだ──沸騰しそうなヴァイオリンが2オクターブ駆け降りてきて、身震いするようなトリル……オペラ・セリアでならあんなふうに書いてもいいだろうけれどね。でも最後には、伯爵は自分がかつがれていたことがわかって謝るんだ、みんなの前で膝をついてね！　貴族は公明正大でなくちゃね。フィガロを拘束することもできるわけだけど、しないのさ。あのマヌケ大司教〔ザ

128

ルツブルク大司教コロレドのこと〕に対する僕と同じく、フィガロは失礼なやつだけどね！

── なるほど！　ではあなたのオペラは道徳的なのでしょうか？

そうだね、いくつかについては大いにそのとおり。《後宮》のセリム・パシャは欲望と復讐に満ちていて、拷問で脅したりするが、結局は仇敵の息子を許すんだ。最後まで怒り狂って復讐したがっているのは、愚かな後宮の番人オスミンだけさ。僕は、シンバル、ドラム、トライアングルを用いたトルコ風の音楽で彼をコミカルに描いた。ドン・ジョヴァンニは地獄に引きずり降ろされて終わる。みんなは何と歌ってる？〈これが悪事を働いたものの最期だ！　そして不誠実な者たちの死は、その生と似つかわしいものとなるのだ *Questo è il fin di chi fa mal, E de'perfidi la morte alla vita è sempre ugual*〉──短いフーガを伴ったこの歌で締めくくりだ……。プラハでこの最後の場面を見られてよかった、ウィーンではここをカット

モーツァルトとコーヒータイム　　129

して上演しなければならなかったのでね……。

　それから、《ティート》がある。これは。彼が慈悲深くなっていく内容だ。《皇帝ティートの慈悲》って、すでにタイトルに書いてあるね！　《魔笛》は楽しい、シカネーダーのおどけたパパゲーノでね！　シカネーダーお得意の役作りで、鳥みたいな格好をして、臆病だから冗談ばかり口をついて出るんだ――パパゲーノは自分がライオン〔初演後はライオンではなく大蛇になっている〕に捕まってしまうと思ってるし、女王（これは僕の義姉〔ヨゼーファ・ウェーバー〕が歌った）をひどく怖がっているんだ。でも、この作品はとてもシリアスでもある。ゴルトハーンはいいやつで僕にお金も貸してくれるけど、シリアスなシーンでも笑い続けていたんだ。僕は耐えられず、彼を"パパゲーノ"と呼んでからさっさと引っ込んだ。彼が傷ついていないことを祈りたいが、自分が侮辱されたことすらもわかっていないと思うよ。罪、娯楽、道徳――それは聴衆次第なんだ。観たあとで誰か2人に感想を言ってみてごらん、彼らはきっと違う舞台を見に行くだろうよ。

130

──《恋人たちの学校》〔《コジ・ファン・トゥッテ》のこと〕は？　あれは軽薄ではありませんか？

《恋人たちの学校》か！　あれは楽しい。でも、シリアスでもある。アルフォンソを除いてみんな騙されたり裏切られたり。涙を流すけど、最後には仲直りして、より分別を持つようになるわけだ。これが道徳的でないとでも？　どちらにしても、登場人物は現実の人間じゃあないんだ！　誰があんな変装を信じると思う？　アルバニア人とか？　ばかばかしい！　恋人に対して誠実でいようとするフィオルディリージを気の毒にすら思うよ。もっとも僕が見ているフィオルディリージとは、フェラレーゼが舞台上で音階を歌ったり低い音を鳴らしたりして声出ししている姿でしかないけどね。変装は《ドン・ジョヴァンニ》と《フィガロ》にもあるね。でもこれらでは、夜の暗闇で起こるから、騙されてもおかしくないと思える。ジョヴァンニとレポレッロ、伯爵夫人とスザンナが衣服を交換して──ベヌッチとストレースは、それぞれジョヴァンニと伯爵夫人になりすますというわけだ。

モーツァルトとコーヒータイム　　131

―― 異なる演出の公演では、アリアをカットするなどの変更を行なったとおっしゃいましたね。その変更で《ドン・ジョヴァンニ》はよりよいものになりましたか？

悲しいかな、答えはノーだ。あとでウィーン公演のために書いた新しいアリアはいい。しかしプラハで演ったのが本物の《ドン・ジョヴァンニ》だ。劇場主は内容の乏しいヴェネツィア版の台本〔ベルターティの『石像の客』〕をダ・ポンテに渡したものだから、僕たちはそれを書き直さなきゃならなかった――少ない登場人物に多くのことをやらせた。アンサンブルを増やし、フィナーレを書き足して、お楽しみをたくさん入れ込んだのさ……。

―― ヨーゼフ2世は、あなたの音楽が歌手たちにとって歌いづらいものだと思っていたようですね。

歌手たちに聞いてみればいい！ 老ラーフとか、マダム・ヴェントリンクとかね――《イドメネオ》では彼女はとっ

ても喜んでいたよ〔イーリアを歌った〕。それから、ストレース
嬢——僕のスザンナ！——、ベヌッチ、アロイジアにも……。
僕の音楽は歌手たちには合わないというような考え方には、
本当にいらいらしている。僕は彼ら全員に、うまくはまるよ
うに書いているんだ。同じアリアを違う歌手が歌うときには
アレンジもしてあげているよ。アロイジアは《ドン・ジョヴァ
ンニ》の再演のときにドンナ・アンナを素晴らしく歌ったし、
ドゥシェックは、フェラレーゼのために作った《フィガロ》
の長いアリアを歌ってるしね……。

—— あなたは、オペラ・セリアに未来はあると思われます
か？

たぶんね。新しい皇帝になって、物事は変化している、僕
はオペラ・セリアをもっと書きたい。でもまず、《ティート》
をもう一度やらなくちゃ、そしてちゃんと終わらせるんだ！
僕はシンプルなレチタティーヴォを書かなかった——時間が
なくてね。僕たちはみな、サリエリが戴冠記念のオペラを書

モーツァルトとコーヒータイム　　133

くと思っていたけど、話が僕にまわってきた。彼はいつものように、自分が忙しすぎると思ったんだろうね……。

　シカネーダーの夏の家で《魔笛》を書くのはもっとずっと楽しかった。すべてがよき友人、よき仲間のためだったからね。アンナ・ゴットリーブ……。《フィガロ》では彼女は少女だったけど、いまや立派に成長して、パミーナを歌ってくれた。僕の義姉のヨゼーファ──ホーファー夫人は夜の女王を歌った。演技は下手だが、あの高音！　まるで星がきらめくようだ……。彼の夫はヴァイオリニスト、いい友人だよ。シャックがタミーノ、ゲルルがザラストロだった。彼らは僕と仕事をすることが好きなんだ……。

　でも君はこういうことを聞きたかったんじゃないね。そう、僕はもっとオペラ・セリアを書きたい──それが、メタスタージオの詩をもっと使わなくちゃいけないことを意味しているとしてもね……。僕は《ティート》について、目録にこう記した。「マッツォーラの手によって本物のオペラとなった、メタスタージオのオペラ。」

—— それは少々冷たい言い方ではありませんか？

メタスタージオに対してかい？　彼はもう死んでしまってる
し、流行も変わる。彼のストーリーは今の音楽にはややこし
すぎるんだよ、長さも3幕ではなく2幕のほうがいい。シン
プルなレチタティーヴォで物語を進めていっても構わない、
そして全員が順ぐりにアリアを担当しては、羽を広げた孔雀
みたいに歩いてみせたとしてもね……。でも僕の登場人物
たちには、お互いに反応し合ってほしいんだ。マッツォーラ版
の《ティート》は、そうやって処理した——アンサンブルと、
本格的なフィナーレを作った。演技のためだけじゃない、コ
ントラスト——"キアロスクーロ"——のためさ。そしてそ
れは登場人物たちにも反映される。シリアスな役、コミカル
な役、そしてその中間的な役も入れるのがベストだね。残念
なことに、オペラ・セリアではそれが許されてない！　喜劇
はシリアスなものを効果的に浮き上がらせる、逆もまたしか
りだ。きっとそういうわけで、僕はオペラ・ブッファを好む
んだろうね。

モーツァルトとコーヒータイム　　135

—— イタリア語とドイツ語、どちらのほうを好まれますか?

イエス。

—— なんとおっしゃいました?

両方さ。でも僕はドイツ人で、今ドイツでは ——ウィーンでも ——今まで以上にドイツ語で歌われるようになっている。「ドン・ジョヴァンニ」は「ドン・フアン (Don Juan)」で、プラハでは「恋人たちの学校」は「アイネ・マハツ・ヴィー・ディー・アンデレ (*Eine Machts wie die Andere*)」だ。これらを最初からドイツ語で頼まれたとしても、僕は喜んで書いただろうね! ドイツ語の歌は素敵だ。リート! 素晴らしい詩人が何人もいる。僕はゲーテの《すみれ》を歌にしているよ。これは、我々ドイツ人にできる新しい分野だ。もし、プロの歌手たちがドイツリートの素晴らしさに気づいてくれさえしたら、僕たちはもっとリートを作曲して、さらに売ること

もできるんだけどね！　きっといつかそうなる……。それから、ドイツオペラなら《魔笛》の続きだね。もしできるならば……。

──《魔笛》は一度拝見しました、また明日行くことになっています。でもすべてを理解することはできていないので、この作品について教えていただけますか？

人生。すべてだ。結婚、幸福、徳、そして邪悪……。もしあれがわかりにくいと思うなら、去年の《賢者の石》を観たらよかったね。僕はシカネーダーに、もし僕が全編とおして作曲を担当するオペラをやりたいんだったら、細かいエピソードによるものであれコメディであれ、はっきりしたアウトラインをもっていなけりゃならないと伝えた〔賢者の石は合作〕。《魔笛》はとてもドイツオペラ的だ──喜劇とシリアス劇が合体している。僕はとっても好きだね！　そして──善の追求だ。最初のうちは、女王は善人に見えるが、実は野心家で権力を手に入れることをもくろんでいるんだ。自分の娘を犠

モーツァルトとコーヒータイム　　137

牲にする準備すらしているんだからね。

—— 男性と女性の対立をめぐる話ではないのですか？　それから、フリーメイソンとのかかわりは？

あれには、すべての人にとって「何か」があるのさ。僕やシカネーダーが、あの神官たちが女性に対して言うことと同意見だなんて思っちゃいけない。「女の手練手管に気をつけろ」……。あたかも"女性はみなこうしたもの（*Cosi fan futte*）"と言わんばかりじゃないか、ばかげたことだ！　でもあれは試金石、王子が究極的に理解できるために経験する様々な試練のひとつなんだ。こういうことは、オペラの台本でつづれるわけじゃない。音楽が引き受けてもっていくんだ。シカネーダーはフリーメイソンだったから、その思想のいくつかを言葉のなかに織り込んでいる。でも僕たちは何も秘密を漏らしてないよ！　これが古代エジプトかどこかの宗教とか、昔の哲学だと言ったところで違和感はないはずだ。最初のフィナーレで、老いた神官たちが神殿から出てくるところ、

あの場面の音楽は、僕が書いたなかで一番高貴なもののひとつだ。登場人物たちはフリーメイソンではないよ。確かに神官はみな男性だけど、神殿には女性もいる。そしてふさわしい合唱を作った。少年たちのために書かなきゃならない教会仕事よりもいいよ……。教会は女性に歌わせたくないし、カストラートを常に用意できるわけじゃないし──彼らは絶滅危惧種だよ──君は彼らのことを「種」だなんて呼べないと思うけどね！……。そうは言ったが、僕はここウィーンのシュテファン大聖堂で合唱隊と仕事をすることは気に入っているよ。

宗教音楽、信仰、子としての義務
SACRED MUSIC, BELIEF, AND FILIAL DUTY

　モーツァルトの宗教音楽は、そのほとんどが人生の早い時期に作曲されているが、それらは他のジャンルの作品に比べて軽視されている。彼の信仰に関する理解は、ウィーンのフリーメイソンは国家転覆を試みるために組織された宗教的団体であるというような誤った説によって混乱させられている。モーツァルトが無神論的傾向の啓蒙運動と関連しているというのは、政治的革命に関与しているというのと同じくらい根拠のないことである。もし、モーツァルトが死ぬ前に聖体拝領をうけなかったとしても、それはただ彼の病状が急激に悪くなったというだけの理由による。モーツァルトの義姉によれば、彼を訪ねた司祭は、すでに本人自身が乞うことができなかったため、不承不承「終油の秘蹟」〔1972年以降「病者の塗油」という呼び名に改められている〕を授けた。しかし、人の最期というものは、たった一人の心ない司祭のふるまいによってイメージづけられるべきではないであろう。

―― あなたの宗教信仰についてお尋ねしてもよろしいで
しょうか？

僕は良きカトリック教徒だよ。まあまあ良い、かな……。聖
人じゃないのでね！　僕は救世主のことを一日になんども考
えたりしない。もし父の言うことが正しくて、僕の才能が神
に与えられたものだったとしたら、僕の使命は作曲するこ
とだ。でも僕は、神を信じていると心から言えるよ。〈われ
は信ず、唯一の神 *Credo in unum Deum.*〉。ミサにも参列する。
そのほかに何をしなきゃいけないんだい？

―― フリーメイソンは教会に反対しているのではないです
か？

どうやって？　皇帝自身をみたって、ロッジの僕の兄弟たち
の大多数よりも敬虔なカトリック教徒だとは言えないよ。そ
れに、僕は道徳心に欠けた聖職者たちに会ったことがあるし
ね。ダ・ポンテ！　彼は聖職に就いてたけど、色事ばかりだ。

確かに、あのケチな暴君たわけ大司教と同じくらいに良きキリスト教徒だろうさ。もし聖職者たるものがみんな彼みたいだったら、僕は彼らを尊敬なんかできないね。

—— あなたは哲学書を読まれますか？

そんなに読まないね——時間がない！　父はたくさん読んでいて、僕が小さい頃は哲学者たちと議論したりしていたよ。パリから父に出した手紙で、ヴォルテールが死んだと記したことを思い出すよ——僕は、こんな不信心な奴は犬死にする報いに値する、と書いた。そんなふうに言ってしまったことは申し訳なく思うよ。ヴォルテールは偉大な作家だった。でも、そう言ったら父が喜ぶんじゃないかと思ったんだ。そして母が死んでしまって、僕たちはそんなことはすべて忘れてしまったけど、今ふりかえってみれば、あれは父を喜ばせたりはしなかっただろう。まったく情けない言葉だ。

—— お若い頃、お父様は必要以上にあなたをコントロール

しようとされましたか？

どの程度が「必要以上」？　わからないね。彼は僕をコント
ロールしたがった、僕が幼いカール〔上の息子のカール・トーマス〕
にしたようにね！　でも、成長した僕はそれに疲れてしまっ
た。僕がチャンスを求めて家を離れたとき、父は長い手紙を
なんども送ってきて、それにはパトロンになってくれそうな
人や、誰かほかのパトロンに紹介してくれそうな人々の名前
がびっしり書かれていた──誰々公爵、何々夫人、なんとか
神父……。たぶん、そのうちの誰かには小さい頃に会ったこ
とがあるんだろう。でもそれは、時が経ったら役に立たない、
あの時分の寵愛を思い出してもらうことなんてね！　その
ことは僕に前を向かせた、偉大な人々がそうだったようにね。
父は、僕が控えめにしてることをとがめた。君の同国人につ
いて、父はこう言っていたよ。「貴族たちの前では自然にふ
るまってよいが、それ以外の人々の前ではイギリス人のよう
になれ。」──無防備に気を許しちゃいけない、という意味
だよ！　そうだね、僕は君に話すときに"イギリス人"になっ

てはいないね！　でも彼は続けるんだ、まるでこれまで僕を
適切にしつけてこなかったかのように……。「愛するヴォル
フガング、薬を飲んで——お祈りをするんだよ。」そして僕
がマンハイムにいたときに届いた手紙には、「私はショック
と不安とともにお前からの手紙を読んだ——お前はいつも、
頭に浮かんだ最初の無謀な計画を実行してしまうのだ——パ
リに発ちなさい、今すぐに。」パリ！　僕の人生で最悪の過
ちだ……。

—— その「無謀な計画」とはアロイジアの件を意味するの
でしょうか？

そのとおりさ！　僕は、アロイジアを連れてイタリアに行っ
て、僕たちの財を築くんだって書いたんだ。まあ、この点に
関しては父が正しかったけどね——彼女はいい歌い手だった
けど、最良ではなかった……。

—— あなたはお母様の死についてたびたび言及されていま

すが、お父様はそれに対してどんな反応をされましたか？

実に不可解だったよ。父は心を痛めてはいたけど、なにより
も僕のことを心配していた。母の死が僕に熱を出させるん
じゃないか、もしくは便秘させるんじゃないかって、黒色火
薬〔当時しばしば薬として用いられた〕を送ってきたんだ。それから
父は厳しくなった。家に早く帰ってこないことを責められた
んだ。でも僕は、どこかでちゃんとした仕事ができるチャン
スはないかって、いつもアンテナを張ってなきゃいけなかっ
たんだ！　でもなかなかそうはいかなくて、父は僕を宮廷オ
ルガニストにすべく大司教を説得して、僕たちはまたザルツ
ブルクで全員集合さ──密にまとまった家族として──そし
て僕はオルガンと合唱団とオーケストラの世界であがくこと
になった。ウィーンにい続けたことで解雇されたときは最悪
だったね。僕が怠惰で、あとさき考えなくて、堕落しやすく
て、性的に不品行だって！　そんなことは一度だってあり得
ない！　僕は見張られてたんだ。あのペーター・ヴィンター
が──悪い作曲家じゃないが、ひどいやつだ──、ザルツブ

モーツァルトとコーヒータイム　　145

ルクに僕の素行について虚偽の報告を書き送ったのさ。どうしてみんな彼なんかを信じてしまうんだ？　あの手紙は残酷だよ——僕はすごく傷ついて、燃やしてしまわなければならなかった。父は、自分の人生は無駄だったと言ったんだ。僕のために自分のキャリアを犠牲にしたってね……。それに僕は彼を愛してなかった。お互いそのつど取り繕ってはいたけど、決して気持ちが一致することはなかったんだ。彼は、僕が成長して妻や自分の居場所を欲していたことを受け入れることができなかった。僕は彼の老後を考えて備えていたし、お金も送った……。可能なときはね、少ない額だったが。それから、僕の曲の楽譜も——言っとくけど、複写するのは安くはないんだ。神よ、彼の魂を休ませたまえ。

——アーメン。そして今、あなたはレクイエムを作曲していらっしゃいますね！　まだ終わっていないのでしょう……。

そうなんだ。僕の高名なる後援者はさぞ困ってるに違いない……。でも僕はあまりにもたくさんやらなきゃいけないこ

とがある。オペラを2作、シュタードラーのクラリネット協奏曲、それからフリーメイソンのためのカンタータ、どれも待たせることができないんだ。それに、ザルツブルクを離れてからというもの教会音楽を書いてない。またやり始めるっていうのは簡単じゃないよ……。

── しかし、あなたはハ短調のミサ曲を作曲されていますよね、数年前に。

もちろん忘れるわけがない、あれは壮大だ。いや、壮大になるはずだった、かな。まだ終えたわけじゃないんだ。僕はあのミサを、僕の結婚と、最初に授かった子供の誕生を神に感謝するために書いた……。ちっちゃなライムント。きっとあの子はカペルマイスターになれただろうな。カールが音楽家になるとは思わない──彼はほかの事柄に興味を持ちすぎだ、加えて、ちょっと怠け者ときてる。そうだ、ハ短調ミサの話だったね。ザルツブルクで一部を演奏し、コンスタンツェが歌った──僕が想像していたよりもよかったよ！ で

モーツァルトとコーヒータイム　147

もそれを書き上げることはできなかった……。結婚について
は今も神に感謝しているが、ウィーンに戻ってきたときには
ライムントは死んでしまっていたんだ。あまりにも悲しい出
来事……。もしかしたら、僕たちはあの子を違うふうに育て
るべきだったのかもしれない。子供を胸に抱いて育てる母親
たちがいるけど、もしコンスタンツェがそうしてたとしたら、
僕たちはあの子を置いて仕事に出かけることができなかっ
た……。乳母どもめ——あれらはいつも見張ってなきゃだめ
だ。そうだ、ミサ曲のことだったね。僕はあれを音楽芸術家
協会〔ウィーン楽友協会の前身〕のために編曲した——イタリア語に
よる、悔悟するダビデ王のカンタータさ。ウィーンの教会で
はあんな長すぎるミサはやれないからね。ザルツブルクでは
少年合唱隊でなく、コンスタンツェが一人で歌った。

　ザルツブルクにいた最後の数年に書いたのは、大ミサ曲が
2つ、それからヴェスペレ〔晩祷〕も——聖歌のあとのグロリア・
パトリ〔栄唱〕、そしてリタニ〔連祷〕——"キリエ・エイソン〔主よ、
憐れみたまえ〕"、こればっかりだ。これは発想力にとって重荷に
なるよ、なんども同じ言葉を使わなきゃいけないんだからね。

── では、なぜシュテファン大聖堂で働くことを選んだの
ですか？

そりゃわかりきってるさ！　お金──生活の保障のためだよ。
それから、僕は負荷をかけられたなかで発想するのが好きだ。
でも、今のところウィーンのためには何も書いていないんだ。
教会音楽は僕の一部──音楽的なあり方の一部だけど、ここ
何年も離れてしまっている。だからレクイエムを書けるのは
嬉しいね。それと、バーデンにちょっとしたものを書いたよ。
〈アヴェ・ヴェルム・コルプス（めでたし、まことの御体）〉
をね。このスタイルでもっと書きたい──シンプルで、魅力
的で、敬虔で、そのうえモダンね。僕は昔のスタイルが好
きだ──そう、フーガとかね！──昔のとは言っても新鮮
に感じるんだ、なにかもっと書けそうな気がするよ。《魔笛》
で神官たちが歌う音楽のようなね……。

── でもあのオペラは古代エジプトか、フリーメイソンの
世界観ですよね。カトリシズムではない……。

モーツァルトとコーヒータイム　　149

音楽がどうやって違いを認識できるっていうんだい？

―― 今度は私が一本取られましたね。

レクイエム

REQUIEM

　1791年の暮れ、モーツァルトは、ハプスブルクの帝位後継者フランツ大公〔フランツ2世のこと〕に自分を雇ってもらうことをもくろんで、教会音楽分野での自分の力量を売り込む請願書の下書きを記している。レクイエムは匿名の人物から受けた注文だったが、モーツァルトは、依頼主が最近妻を喪ったばかりのヴァルゼック伯だと知っていたかもしれない。この人物は作曲家を自称し、実際には人に書かせた曲を自分の名義で発表するということを行なっていたが、彼の名のもとに演奏されても誰も騙されることはなかった。そしてついにはモーツァルトのレクイエムにおいても、彼は同じ行為を働いたのである。この作品はモーツァルトの死後、フランツ・クサーヴァー・ジュースマイヤーによって完成された。

―― モーツァルトさん、あまりご気分が良くないようにみえますが……。もう少しだけ質問させていただくことをお許しください。あなたは、「レクイエム──お安い御用！」とおっしゃいましたね。どういう意味でしょうか？

楽に儲かるってことだよ。書くのはそう簡単じゃない。でも25ドゥカートの前払い！　書き始める前に半分もらえるんだ！　コンスタンツェが療養に行くときに大いに助かったよ。50ドゥカートといえば、僕がオペラ1作でもらう報酬の半額なんだが、実際の仕事内容としてはオペラの半分までもいかないな。もっと少ないよ。言葉の選択やらで作家と議論しなくても済むわけだし、オーケストラの処理だって簡単だ。すべて同じ方法で作曲するのさ、それが伝統だからね。トロンボーンは合唱が音を外さないように助ける。トランペットと打楽器は神の栄光を賛美する──あ、地獄の業火もこれらの楽器を必要とするね！　それから、ティンパニ。管楽器はあまり要らない──ホルンは出番なし！　バスーンと、バセットホルンだけで十分だ。あの柔らかくて、くすんだ音は告別

式にもってこいだ。

　僕は、質の良い教会音楽を書くことが簡単だと言っているわけじゃないよ。サリエリの教会音楽のことはあまり考えないね。ハイドンの作品は、尊敬している……。でも、サリエリが戴冠式用に僕の作品を使ってくれたのは寛大だったね。作曲ってのは大変な仕事だ——フーガだけじゃなくね。でも僕はマルティーニに学んで、ザルツブルクでたくさん経験をした。それからスヴィーテンのところでは大バッハの音楽を研究した、ヘンデルのもだ。ウィーンでは、そうやって得たスキルを浪費してしまった……。そしてレクイエムはまだ書き終わっていない……。依頼主が誰であろうと、僕に支払ったお金を返してほしいなんて思わないことを願うよ。

—— これはあなたの初めてのレクイエムですね。なにか模範とする作品はおありでしょうか？

ザルツブルクから、いい模範を持ってきているよ——ずいぶん前、シュラッテンバッハ大司教の告別の折に書かれたハイ

ドン〔ミヒャエル〕のレクイエムだ。あのとき僕は15歳だったが、それからこれをずっと忘れたことはない。ヘンデルは、スヴィーテンが僕に《メサイア》やほかの作品を見せてくれたとき以来頭のなかで鳴り続けている。オラトリオ《ユダス・マカベウス》《ヨセフとその兄弟》……そこには、彼のために僕がやったことより多くのものが含まれていたんだ。ヘンデルの管弦楽曲はほとんど弦楽器だけで、今の時代にはシンプルすぎるのかもしれない。でもなんという着想、そして威厳だろう！

　ヘンデルの葬送のアンセム〔《シオンにいたる道は苦しみ》〕も持っている——正直なところ、あのなかのアイディアもよく拝借しているよ。あれはイギリス王妃の——確かキャロライン〔ジョージ2世妃〕のために書かれたものだ。そう。僕のレクイエムの冒頭の入祭唱だよ。それからフーガ〈キリエ・エレイソン〔主よ、憐れみたまえ〕〉——またしてもだ！　こんなにしょっちゅう慈悲を乞うことができるものかね？——では、7度の下降を伴う昔からの主題〔減7度は苦悩を表す。この主題モチーフはヘンデルのメサイア、バッハの平均律第20番でも使われる〕を使っている。誰だっ

てときに先達のモチーフをいただくこともあるわけだけど、僕はヘンデルの第二主題の16分音符を使っているんだ、「クリステ・エレイソン〔キリストよ、憐みたまえ〕」のところでね。僕はこの16分音符でヘンデル以上のことをやったよ！　最初の数音は、コントラストを出すために切った──歌詞はいずれにしても合うからね。それから、ヘンデルにはほとんどフーガが出てこないんだ──「ハレルヤ！」の崇高な叫びに向かっていって、ニ長調の──ああ、父はこの調性を好んでいたよ。ヴァイオリンがより輝かしく鳴ってくれるし、トランペットもね──僕が父に急いで書かされた交響曲《ハフナー》でのようにね。……何を話していたっけ？　ああ、レクイエムだったね。そうだな、僕は〈キリエ〉で、ヘンデルのアイディア〔《デッティンゲン・テ・デウム》の最終合唱曲のこと〕を拝借してニ短調に変えてみたんだ。

　裏技さ！　きっとそのアイディアをただでもらうべきではないんだろうね。君が学生なら了解するよ！　しかしそれはいけないことかい？　いいものだったら、それが必要になるのは当然だろう？　フーガは僕にとって、まだまだ大変な仕

モーツァルトとコーヒータイム　　155

事だ。僕はあまり下書きをしないのだが、フーガは別だ。最初の部分がまず難しい。ひとたび旋律線が全声部に適切にはまったら「アルス・コンビナトリア〔結合法〕」、そう悪くないってことだ。最後のアーメンはゼクエンツ〔作曲技法のひとつ。反復進行のこと〕で下書きしてあるんだけど、僕はこれまでゼクエンツで作曲したことがないんだ——。今は奉献唱に向かって書き進んでいる、不吉な時が来るのを延ばし延ばしにしながらね。もちろん、ゼクエンツによるフーガの主題は、全体を通して使っている単旋律聖歌の〈トヌス・ペレグリヌス〔巡礼調〕〉だよ。入祭唱にもあるし、どこにでも出現するだろう……。それを終わらせることができる体力を、僕が取り戻せたらね。

—— モーツァルトさん？　こんなに長くお引き止めしてしまって申し訳ありませんでした。ずいぶんお疲れのようにみえます……。コーヒーでもいかがですか？　それともパンチをもう少し、なにか召し上がるものも？

君が何を考えているかわかるよ。言わないでくれ。君はいい

タイミングで僕を捕まえたよ。僕は本当に病気なんだ。快復するのだろうか……？　僕はこれまでにないほど弱っていると感じるよ。もしいま僕が死んだら、コンスタンツェはレクイエムからなにかしらを救い上げることができるはずだ、そして残りの報酬を得てくれるだろう。彼女はそれが必要になるのだからね。すでに半分は最良のものが書けている。アイブラーがなにかできるかもしれないな。彼はよき教会音楽を理解しているからね。もしくは、ハイドン〔ミヒャエル〕、老アベ・シュタードラー〔マクシミリアン・シュタードラー〕。あのジュースマイヤーにはまかせないほうがいい……。

　奉献唱のあの言葉が頭から離れない──〈死を超えてせしめ *de morte transire ad vitam*〉。ああ、そうだ。これは僕が書いたばかりの部分だ……。ヴァイオリンの織りなす響き、そしてあのハーモニー……永遠の光……。

注

作品タイトル

モーツァルトの作品のタイトルについては、一般的に定着しているものにほぼ従った。《ドン・ジョヴァンニ》のように人名である場合には、原語発音のまま表記している。《フィガロの結婚》は、《フィガロ》としている箇所が多い（モーツァルトがそうしていたように）。簡明なイタリア語のタイトルについては、原語のままとしている。例えば、《Thus Do All Women》ではなく《Così fan tutte（コジ・ファン・トゥッテ）》となるが、このオペラは、《恋人たちの学校》とも呼ばれ、台本作家のダ・ポンテはこちらのタイトルを好んでいた。

楽器

モーツァルトは、幼年期にはハープシコードを習得したが、後年はおもにフォルテピアノ（現在のピアノの前身）を使っていた。初期の作品の多くは、どちらの楽器で演奏してもよくマッチして聴こえる。本書では、モーツァルト自身がそうしていたように双方とも"クラヴィーア"と呼び、英訳の"キーボード"は、今日では電子楽器のイメージと結びつくため使用していない。

通貨

グルデン（フローリン）は、モーツァルト一家がもっとも使用していた通貨単位である。当時の20グルデンは、現在の価値に換算すると600アメリカドル、もしくは350ポンド相当と考えられる（スペスリングによる）。オーストリアで使われていたもう一つの通貨単位はドゥカートで、1ドゥカートは4.5グルデンと同価であった。したがって、オペラ1作に対してモーツァルトが受け取った謝礼は100ドゥカートもしくは450グルデンとなろう。1グルデンは60クロイツァーで、1クロイツァーは現在の約50セントに相当する。

参考資料

Emily Anderson (trans. and ed.), *The Letters of Mozart and his Family*, third edition in one volume (Basingstoke: Macmillan, 1985)

David Cairns, *Mozart and His Operas* (London: Penguin, 2006)

Peter Clive, *Mozart and his Circle* (New Haven: Yale University Press,1993)

Otto Erich Deutsch, *Mozart: A Documentary Biography* trans. Eric Blom, Peter Branscombe, and Jeremy Noble (London: A. & C. Black, 1965)

Cliff Eisen, *New Mozart Documents* (London: Macmillan, 1991). A Supplement to O.E. Deutsch's *Documentary Biography*

Cliff Eisen and Simon Keefe (eds.), *The Cambridge Mozart Encyclopedia* (Cambridge: Cambridge University Press, 2006)

Jane Glover, *Mozart's Women: His Family, His Friends, His Music* (London: Pan Macmillan, 2005)

Robert W. Gutman, *Mozart: A Cultural Biography* (New York and London: Pimlico, 2001)

Simon Keefe (ed.), *The Cambridge Companion to Mozart* (Cambridge: Cambridge University Press, 2002)

Albi Rosenthal and Alan Tyson (eds.), *Mozart's Thematic Catalogue* (London: The British Library, 1991). Contains a facsimile of the manuscript list kept by Mozart from February 1784.

Julian Rushton, *Mozart: An Extraordinary Life* (London: Associated Board of the Royal Schools of Music, 2005)

Julian Rushton, *Mozart* (New York: Oxford University Press, 2006)

David Schroeder, *Mozart in Revolt* (New Haven: Yale University Press, 1999)

Robert Spaethling, *Mozart's Letters, Mozart's Life* (New York: Norton, London: Faber & Faber, 2000)

William Stafford, *Mozart's Death* (London: Macmillan, 1991; pub. in the USA as *The Mozart Myths*, Stanford University Press, 1993)

索引

アイブラー, ヨーゼフ　157
アウエルンハンマー, ヨゼファ　67, 80
アダムベルガー, ヨハン・ヴァレンティン　47
アトウッド, トーマス　66
アルコ, カール　83
アレグリ, グレゴリオ　64
《イドメネオ》　23, 85, 90, 95, 118-9, 132
ヴァルゼック, フランツ・フォン　151
ヴァレスコ, ジャンバティスタ　118-9
ヴァンハル, ヨハン・バプティスト　111
ウィーン　10, 14-5, 17, 22-3, 26, 28-30, 35,
　　37-8, 41, 45, 48, 76-7, 79, 81-6, 88-9,
　　91-3, 95, 101-2, 106-10, 114-7, 119,
　　121-2, 129, 132, 136, 139-40, 145, 148-
　　9, 153
ヴィルヌーヴ, ルイーザ　73
ヴィンター, ペーター　145-6
ウェーバー, アロイジア (アロイジア・ランゲ)
　　21-2, 25, 37, 47, 50, 52, 72, 89-90, 133,
　　140
ウェーバー, コンスタンツェ　→モーツァルト,
　　コンスタンツェを参照
ウェーバー, ヨゼーファ (ヨゼーファ・ホー
　　ファー)　25, 134, 140
ヴェッツラー, 男爵, ライムント　108
ヴェントリンク, ドロテア　132
ヴェントリンク, ヨハン・バプティスト　50
ヴォルテール　142
エステルハージ家　97
エットーレ, グリエルモ　52
オケリー　→ケリーを参照
オペラ　7-8, 10, 16-24, 26-30, 36, 43, 46,
　　52, 55, 62, 72-3, 76, 79, 85, 87-8, 91,
　　95, 99-103, 108, 115-20, 122-9, 133-5,
　　137-8, 147, 149, 152
オライリー, ロバート・メイ　87

カール・テオドール, 選帝侯　21-2, 85, 90
カヴァリエリ, カテリーナ　46, 49
カサノヴァ, ジョヴァンニ・ジャコモ　53
カンナビヒ, クリスチャン　50
カンナビヒ, ローザ　80
カンビーニ, ジュゼッペ・マリア　44
ギーヌ公, とその娘　65
グルック, クリストフ・ヴィリバル　63, 72,
　　100, 117
クレメンティ, ムツィオ　41, 43-4, 71
ゲーテ, ヨハン・ヴォルフガング・フォン　136
ケリー, マイケル　35, 47
ゲルル, フランツ・クサーヴァー　46, 134
《賢者の石》　46, 124, 137
《後宮からの誘拐》　24, 47, 79, 92-3, 102,
　　116, 124, 129
《皇帝ティートの慈悲》　31, 99, 118, 122,
　　130, 133-5
《コジ・ファン・トゥッテ》　30, 72, 99, 116,
　　121, 131
ゴットリープ, アンナ　134
ゴルトハーン, ヨーゼフ　108, 130
コロレド, 大司教, ヒエロニムス　19-20, 22-
　　3, 81-4, 96, 104, 128, 142

サリエリ, アントニオ　26-7, 41-2, 45-6, 89,
　　108, 120-1, 133-4, 153
ザルツブルク　13-7, 19-20, 22-3, 25, 28, 62,
　　74-8, 81-4, 94, 104, 110, 115, 118, 145-
　　8, 153
ザロモン, ヨハン・ペーター　87
シカネーダー, エマヌエル　31, 46, 130, 134,
　　137-8
シャーロット, 王妃　86, 105
ジャカン, ゴットフリート・フォン　95
ジャカン, フランチェスカ　95
シャック, ベネディクト　46, 134
シャハトナー, ヨハン・アンドレアス　79
ジュースマイヤー, フランツ・クサーヴァー

160

67, 151, 157
シュタードラー，アントン　37, 45, 69, 95, 122, 147
シュタードラー，マクシミリアン　157
シュテファニー，ヨハン・ゴットリープ　93
ジュナミ，ヴィクトワール　80
シュラッテンバッハ，大司教，ジギスモント　19-20, 81, 153
ジョージ3世，イギリス王　86, 105
スヴィーテン，ゴットフリート・ファン　24, 61, 64, 153-4
ストレース，ステファン　35, 87
ストレース，ナンシー　27, 35, 46, 48-9, 52, 87, 120, 126-7, 131, 133

ダ・ポンテ，ロレンツォ　27, 30, 45-6, 52-3, 93, 108, 116, 120-1, 132, 141
ダル・プラート，ヴィンチェンツォ　119
チェッカレッリ，フランチェスコ　79-80
ドゥシェック，ヨゼファ　49, 51, 133
ドゥジャン，フェルディナント　21, 58
《ドン・ジョヴァンニ》　6, 8, 28, 42, 51, 73, 114, 116, 121-2, 124, 129, 131-3, 136

ニッセン，ゲオルク・ニコラウス　32

パイジェッロ，ジョヴァンニ　27, 43, 78, 89, 126
ハイドン，ミヒャエル　78, 154, 157
ハイドン，ヨーゼフ　25, 43, 60, 63, 72, 78, 87, 97, 111, 153
ハッセ，ヨハン・アドルフ　19, 44, 63
ハッツフェルト，アウグスト・クレメンス・フォン　95
バッハ，J.S.　8, 15, 24, 58, 61, 64-5, 72
バッハ，J.C.　15, 44, 57, 62, 64, 71, 87
パリ　15-6, 20, 22, 44, 65, 72, 75-6, 85-6, 89, 107, 112, 144
バリザーニ，ジークムント　94
ピッチーニ，ニコロ　89

《フィガロの結婚》　5, 8, 27-8, 52, 70, 87, 99, 101, 103, 106, 108, 116, 118, 121-2, 124-9, 131, 133-4
フェラレーゼ・デル・ベーネ，アドリアーナ　52-3, 131, 133
フェルディナント，大公　18, 88
フォーグラー，ゲオルク・ヨーゼフ　21, 44
フックス，J.J.　61, 67
ブッサーニ，フランチェスコ　127
ブフベルク，ミヒャエル　29, 96
フライシュテットラー，フランツ・ヤコプ　67
プラハ　28, 31, 45, 51, 71, 85, 91, 114, 122, 129, 132, 136
フリードリヒ・ヴィルヘルム2世，プロイセン王　30
フリードリヒ2世（大王），プロイセン王　90-1
ブルネッティ，アントニオ　79
ブロイヤー，バベット　67, 80
フンメル，ヨハン・ネポムク　43, 48, 66-7
ベーア，ヨーゼフ　69
ベートーヴェン，ルートヴィヒ　8, 43
ベディーニ，ドメニコ　122
ベヌッチ，フランチェスコ　70, 126-7, 131, 133
ベルリン　85, 90-1, 106
ヘンデル，ゲオルク・フリードリヒ　15, 24, 64, 71, 153-5
ボーマルシェ，ピエール-オーギュスタン・キャロン・ド　124, 127
ボッケリーニ，ルイジ　111
ホフデーメル，フランツ　96
ボルン，イグナス・フォン　97

埋葬　12, 97
マッツォーラ，カテリーノ　134-5
《魔笛》　4-5, 8, 31, 46, 71, 118, 124, 130, 134, 137, 149
マリア・テレジア，皇后　19, 99
マリー・アントワネット，王妃　107, 125

マルシャン，ハインリヒ　115
マルティン・イ・ソレール，ビセンテ（マルティー
　　ニ）　26-8，43，46，67，120-1，153
マンツォーリ，ジョヴァンニ　62，87
マンディーニ，ステファノ　126
マンハイム　21-2，44，47，50，57-8，73，81，
　　85，89-90，144
ミスリヴェチェク，ヨゼフ　44
ミュンヘン　14，20，22-3，44，81，85，90，118
メタスタージオ，ピエトロ　134-5
モーツァルト，アンナ・マリア，旧姓ペルトル
　　13，18，20-1，44，50，75，86，113，142，
　　144-5
モーツァルト，ヴォルフガング・アマデウス
　　音楽語法と個性　4-7，9，24-5，41，58-60，
　　　　64-5，100-2，112-4
　　過去の音楽の研究　24，61，63-4，153-4
　　教育（レッスン）　23，26，48，65-8，92
　　協奏曲　22，36-7，45，69，110，113-5
　　結婚　25，38-40，49，53，147-8
　　交響曲　8-9，21-2，42-3，77，111，155
　　交流　11，43-53，94-8
　　子供たち　25，32，39，108，143，147-8
　　財政　17，23-4，26-7，29-30，38-9，55，97-
　　　　8，100，152
　　作曲法　54-60，71-2
　　宗教音楽　22，140，147-9，151-7
　　生涯　9-32，36-7，74-103，142-150
　　信仰・信条　94，96-7，104-9，140-2
　　性格　10，13-4，34，39-40，50，96，142
　　政治　96-7，104-9，125，127-8，142
　　フリーメイソン　26，96-7，124，138，141
モーツァルト，カール・トーマス　32，143，
　　147
モーツァルト，コンスタンツェ　9，25-6，29，
　　31，38，40，47，49-50，81，84，89-90，
　　147-8，152，157
モーツァルト，フランツ・クサーヴァー　32
モーツァルト，マリア・アンナ・ヴァルブルガ・
　　イグナティア（ナンネル）　13-5，18，25-

　　6，43，62，69，76，80-1，87，105，114
モーツァルト，マリア・アンナ・テクラ　20，
　　50
モーツァルト，レオポルト　11-2，14-23，25-
　　6，37，39，41-2，47，50，57-8，60，62，70，
　　74，76-9，81，87，89-90，94-5，100-1，
　　113-4，118-9，125，141-6，155
　　モーツァルト作品についての言及　57-8，
　　　　114-5，119-20

ヨーゼフ2世，皇帝　17，24，29-30，41，69，
　　84-5，93，97，99-103，105，108，116，
　　125，132，141

ラーフ，アントン　119，132
ラウッツィーニ，ヴェナンツィオ　122
ランゲ，ヨーゼフ　47
リギーニ，ヴィンチェンツォ　120
リヒノフスキー，カール　30，98
ルイ16世，フランス王　107，125
レオポルト2世，皇帝　30-1，46，89，91，99-
　　100，133
ロイトゲープ，ヨーゼフ　45
ロドロン伯爵夫人，とその娘たち　78
ロンドン　10，15，35，44，57，62，64，71，76，
　　85-7

162

訳者あとがき

　古今東西にひしめく作曲家のなかでも、「作品」と「人間」の両面で私たちの興味をかきたててやまない随一の存在、それが「Ｗ・Ａ・モーツァルト」であることに異論は出ないだろう。これまで数々のモーツァルト弾きが活躍し、名演奏を録音に残しているが、人々はそれを味わいつつ、「今日に生きるモーツァルト」を求めて演奏会に足を運び続けている。モーツァルトを扱った書籍は、日本国内だけをみても他を圧倒する刊行数を誇るにもかかわらず、常に新しい切り口やテーマが提示され、いまだに新事実が発見されることもあり、関心が尽きることはない。

　没後200年（1991年）、生誕250年（2006年）に巻き起こったモーツァルト・フィーバーは特にすさまじいものがあったが、彼がどんなに興味深い人生を送ったとしても、音楽そのものに時代を超えた魔力がなければ、このような社会現象が生じることはなかっただろう。そしてその魔力は、「モーツァルト」が決して一時の流行で終わっていないことでも証明さ

れている。

モーツァルトの音楽の素晴らしさについてはこれまで様々に表現されてきたし、本書ではタヴナーによるまえがきでも語られているので、ここで繰り返すことは控えるが、私自身モーツァルトの音楽をピアニストとして"再現"するなかで、モーツァルトのすごさは自分なりに体感してきている。例えば、ハッとさせられる無垢の深淵、琴線に触れる透明な悲しみ——きっとそれは、モーツァルトがもつ多彩な性質と、自分の内面に棲むある要素が呼応し合うことで生まれてくるものなのだろう。そしてときには、モーツァルトってほんとはもっと自由でいいんじゃない？と思い、いや、自分自身こそが自由になるべきなのだ、と気づいたりもする。モーツァルトとの付き合いは、いつまで経ってもスリリングだ。

そんなモーツァルトが、この「コーヒータイム人物伝」シリーズでまた生き生きとよみがえった。本書で繰り広げられるモーツァルトとのやりとりは実に臨場感がある。イギリス人である聞き手が絶妙な距離感でパスを出し、モーツァルトはそれを受け止めて真摯に応じている。ときに少々乱暴な言

葉や、くだけた表現を使っているのがまた人間的だ。

　著者は、ムジカ・ブリタニカの編集長も務める音楽学の権威ジュリアン・ラシュトンで、当然ながら、これまでのモーツァルト研究で明らかとなった膨大な情報がベースとなっている。それらが自然な会話のなかに凝縮されているから、モーツァルトが口にするのはほんの端的な一言だったとしても、その奥にはドラマ満載の物語が隠れていることになる。そんなとき、あまたのエピソードを知っているモーツァルト通ならば思わずにやりとしてしまうはずだ。もちろん、モーツァルトの人生について深く知らなくとも十分楽しめるだけの内容となっている。本書で最晩年のモーツァルトに出会った読者の皆さんに、さらに深くその音楽世界を体験していただけることを願っている。

下山静香

著者紹介

ジュリアン・ラシュトン [Julian Rushton]
(1941–) リーズ大学の名誉教授（音楽学）。『クラシック音楽小史』をはじめ、モーツァルト、ベルリオーズ、エルガーなど数多くの作曲家についての研究著作がある。1994年から1999年まで王立音楽協会の会長、1993年からはムジカ・ブリタニカの編集委員長を務めている。

ジョン・タヴナー [John Tavener]
(1944–2013) 現代のイギリスでもっとも著名な作曲家の一人。1968年、カンタータ《鯨》で注目され、ビートルズで知られるアップルレコードからリリースされた。その他、《感謝祭のアカティスト》、1997年ダイアナ皇太子妃の告別式典で演奏された《アテネのための歌》などの作品がある。

訳者紹介

下山静香 [Szizuka Simoyama]
ピアニスト、執筆家。桐朋学園大学卒。文化庁派遣でスペインに留学。CD《ペルラ 〜 マイ・フェイヴァリッツ・モーツァルト》他11枚。単著『裸足のピアニスト』、訳書1冊、共著多数。東京大学、桐朋学園大学非常勤講師。日本スペインピアノ音楽学会理事。

モーツァルトとコーヒータイム

著者	ジュリアン・ラシュトン
	ジョン・タヴナー（まえがき）
訳者	下山静香
イラスト	ヤギワタル
発行日	2019年10月5日　初版第1刷発行
発行所	株式会社 三元社
	東京都文京区本郷1-28-36　鳳明ビル1階
	電話 03-5803-4155　ファックス 03-5803-4156
印刷＋製本	シナノ印刷 株式会社
コード	ISBN978-4-88303-495-6

「コーヒータイム人物伝」シリーズ

定価＝本体 1500 円＋税

●

既刊

シェイクスピアとコーヒータイム

スタンリー・ウェルズ／著
ジョゼフ・ファインズ／まえがき
前沢浩子／訳

アインシュタインとコーヒータイム

カルロス・I・カル／著
ロジャー・ペンローズ／まえがき
大森充香／訳

ミケランジェロとコーヒータイム

ジェイムズ・ホール／著
ジョン・ジュリアス・ノリッジ／まえがき
大木麻利子／訳

ニュートンとコーヒータイム

マイケル・ホワイト／著
ビル・ブライソン／まえがき
大森充香／訳

●

続刊予定

オスカー・ワイルドとコーヒータイム

マーリン・ホランド／著

サイモン・キャロン／まえがき

前沢浩子／訳

ダーウィンとコーヒータイム

マリリン・モンローとコーヒータイム

ヘミングウェイとコーヒータイム

and more...